GottesdienstPraxis
Serie A

Arbeitshilfen für die Gestaltung
der Gottesdienste im Kirchenjahr

Herausgegeben von Erhard Domay

Gütersloher Verlagshaus

GottesdienstPraxis

VI. Perikopenreihe

Band 4: 13. Sonntag nach Trinitatis bis Ewigkeitssonntag

Gütersloher Verlagshaus

Die Deutsche Bibliothek – CIP-Einheitsaufnahme

Gottesdienstpraxis. – Gütersloh : Gütersloher Verl.-Haus.

Ser. A, Arbeitshilfen für die Gestaltung
der Gottesdienste im Kirchenjahr
Perikopenreihe 6 / hrsg. von Erhard Domay

Bd. 4 13. Sonntag nach Trinitatis bis Ewigkeitssonntag – 2002
ISBN 3-579-02959-2

Umwelthinweis:
Dieses Buch wurde auf chlorfrei gebleichtem und alterungsbeständigem Papier gedruckt. Die vor Verschmutzung schützende Einschrumpffolie ist aus umweltschonender und recyclingfähiger PE-Folie.

ISBN 3-579-02959-2

Umschlagentwurf: Finken & Bumiller, Stuttgart, unter Verwendung des Aquarelles No. LXVI von Francesco Clemente, aus: CVIII. Watercolours Adayar 1985, © 1987 Öffentliche Kunstsammlung Basel.
Satz: Fotosetzerei Steggemann, Bad Salzuflen
Druck und Bindung: Těšínska Tiskárna AG Česky Těšín

Printed Czech Republic

www.gtvh.de

Inhalt

13. Sonntag nach Trinitatis
Die Geschichte der Apostelinnen und Apostel 6,1-7

Ludwig Burgdörfer

Exegetisch-homiletische Skizze

Das Urchristentum boomt. Wachstum ist angesagt. Lukas schreibt die Erfolgsstory, die Geschichte einer überwältigenden Ausbreitung und Ausweitung. Massenbewegung seit Pfingsten. Idealistisch bis zur Schmerzgrenze zeichnet der Evangelist alles andere als ein wirklich realistisches Bild einer um ihre Identität ringenden Gemeinde. Das Apostelkonzil (Apg 15) als theologische Zerreißprobe ist eher die Ausnahme. Aber trotz unverkennbarer Tendenz zur Verharmlosung kommt immerhin auch dieser Hungerstreit mit ins Konzept.
Gott sei Dank! Wir machen heute nicht alles anders, wir machen es nur später.
Futterneid bricht aus, weil erstmals »Hellenisten« zur Gemeinde stoßen. Das irritiert.
Das Fremde befremdet. Die Kuschelparty wird empfindlich gestört. Jetzt geht's los! In Jerusalem wird's unbequem. Die einschneidendste Umwälzung, weil Öffnung der Urgemeinde nimmt ihren Lauf. Die Laufkundschaft meckert zudem, fühlt sich unterversorgt und ausgegrenzt. Die ganze schöne Ordnung ist dahin. Es lebt, es ändert sich was. Und weil die Liebe nun einmal durch den Magen geht, knurrt es gewaltig. Christlich gewordene griechischsprachige Diasporajuden sind schuld. Sie sind die »Hellenisten«! Andere Sprache, andere Kultur, andere Frisur, andere Prioritäten und Kuriositäten. In den gängigen Kommentaren ist nachzulesen, dass damals viele fromme Juden aus der Diaspora nach Jerusalem kamen, um dort ihren Lebensabend zu verbringen. Sie waren oft allein, ohne Anhang, ohne das Versorgungsnetz der Großfamilie, also oft bedürftige Versorgungsfälle. Aus der Traum vom Harmoniekonzept. Wir stoßen aufeinander, wenn wir zusammen-

kommen. Das ist unvermeidlich, weil wir so verschieden sind. Das muss die Christengemeinde (bis heute) erst noch verdauen. Sieben auf einen Streich müssen her, analog zum 7-köpfigen Ortsvorstand oder dem Presbyterium der jüdischen Synagogengemeinden. Die Autorität des 12er Kreises wird scheinbar nicht angetastet. Schon numerisch nicht. Aber wer weiß?

Essen auf Rädern wird jedenfalls erfunden – und sowohl das logistische als auch das theologische Problem wird unterschätzt. Aber immerhin: Wortdienst und Tischdienst werden nebeneinander installiert – nicht ohne ein gewisses Herrschaftgefälle.

Die Kriterien für das neue Amt sind auf enorm hohen Niveau angesetzt. Die Kandidaten müssen erhebliche Neigung zum Heiligsein verkörpern: guter Ruf, Klugheit, moralisch integer und irgendwie makellos.

Die Gemeindeversammlung – ganz basisdemokratisch – wählt. Die Installation/Ordination, die Amtseinführung jedenfalls erfolgt durch Gebet und Handauflegung der Apostel – ganz nach dem alttestamentlichen Vorbild : z. B. Num 27,18, Josua wird zum Nachfolger Moses gemacht.

Menschenskind, es menschelt unter den Christenmenschen. Schön schlimm und schön anstrengend ist es, eine wachsende, eine werdende, sich verändernde Kirche zu sein.

Thema auf Lebenszeit! Ekklesia geht aus sich heraus und auf andere zu, ist im Umbruch und Aufbruch. Kaum geht sie aus sich heraus und auf andere zu, lässt sich ein und die herein, da wird es ungemütlich, kontrovers, kommen welche zu kurz und andere über kurz oder lang an ihre engen Grenzen.

13. Sonntag nach Trinitatis. Anfang September, Spätsommer: Die Gemeindearbeit für das Winterhalbjahr steht an. Wir wollen weite Kreise ziehen. Oder? Nach der Sommerpause soll wieder Leben unters Kirchendach. Dazu wird die ganze wertvolle Mitarbeiterschaft zusammengetrommelt. Wir wollen sie hochleben lassen, motivieren, loben, ermutigen, ernennen, bevollmächtigen, segnen und ins Gebet nehmen. Und wir wollen neue MitarbeiterInnen gewinnen. Wir schreiben neue Stellen aus für unbesetzte, unversorgte Gemeindeteile und organisieren uns den Ärger derer herbei, die nichts Neues, Fremdes hereinlassen wollen. Wir entdecken den Hunger derer, die bei uns noch zu kurz kommen, aber auch nicht einfach abgespeist werden wollen.

Der Stellenmarkt in der Gemeinde! Eine homiletische Herausforderung.

Predigtidee

Mitarbeiterschaftsfeier – MitarbeiterInnensonntag mit Sendung und Segnung

Predigtthema

Mitarbeiterschaft! Christliche Gemeinde braucht immer neue MitarbeiterInnen seit Jerusalem. Diese müssen gabenorientiert eingesetzt werden in einer aufgabenorientierten Gemeindearbeit.

Vorschläge zur Liturgie

Wochenspruch
Was ihr getan habt einer meiner geringsten Brüder und Schwestern, das habt ihr mir getan!« Mt 25,40

Psalm der Woche 112 kann im Wechsel mit der Gemeinde gebetet werden.

Eingangsgebet
Gott
Mitten im September
Spätsommergefühle
Mit Sehnsucht nach Wärme
und Nähe und Glück
Schau wer wir sind
Komm uns entgegen
Tu uns gut
Mach uns Mut
Spür uns auf
Mach uns stark
Hilf uns lieben
Sogar uns selbst
und womöglich die Andern,

die ganz anders sind
ach
und komm uns nah und näher
damit wir uns begegnen
in diesem Gottesdienst
und danach
nicht nur denken
sondern fühlen wollen wir dich
und uns
durch Jesus
unseren Bruder und Freund
ders gut mit uns meint
samt dir
unserem Vater
und dem guten Heiligen Geist
schon immer
und immer noch
und immer und ewig

Als **Schriftlesung** kommt u. a. in Frage 1 Kor 12,4–18, besonders aber auch Mt 25,31 ff. vom Weltgericht

Vorschlag zum Fürbittengebet

Da es sich um einen Sonntag handelt, zu dem möglichst alle MitarbeiterInnen eingeladen sind, sollten aus diesem Kreis auch die einzelnen Fürbitten kommen.

Dabei dürfen wir ruhig einmal die Mündigkeit unserer Leute so ernst nehmen, dass sie selber in der lange und im Stande sind, eine Fürbitte zu formulieren und zwar für den Bereich der Gemeinde, in dem sie aktiv stehen und sich auskennen und identifizieren. Wir müssen nicht immer alles vorgeben und vorformulieren. Es darf auch einmal authentisch und erkennbar nicht unsere Sprache sein, nicht der Stil der professionellen Beterschaft. Wir werden uns wundern, wie gut das wird, wie eindrucksvoll und echt. Nach jedem Beitrag singt die Gemeinde ein ihr bekanntes Kyrie. Das macht was mit uns. Fürbitte ist eine Verbindung der Verbündeten – und für die Mitarbeit unentbehrliches geistliches Geländer.

Liedvorschläge
Aus dem EG:
Nun jauchzt dem Herren alle Welt (288)
Bei dir Jesu will ich bleiben (406)
Ins Wasser fällt ein Stein (648)
Herr wir bitten komm und segne uns (610 Anhang Baden, Pfalz, Elsass, Lothringen)
Besonders gut geeignet für die Thematik der bunten Mitarbeiterschaft ist das Lied von Manfred Siebald: Gut, dass wir einander haben.
Es ist u. a. abgedruckt in dem Gemeinschaftsliederbuch: Jesus unsere Freude, herausgegeben im Auftrag des Evangelischen Gnadauer Gemeinschaftsverbandes e. V., Lied Nr.: 207
Text:
Refrain: Gut, dass wir einander haben, gut, dass wir einander sehn, Sorgen, Freuden, Kräfte teilen und auf einem Wege gehen. Gut, dass wir nicht uns nur haben, dass der Kreis sich niemals schließt, und dass Gott von dem wir reden, hier in unsrer Mitte ist.

1. Keiner, der nur immer redet; keiner, der nur immer hört. Jedes Schweigen, jedes Hören, jedes Wort hat seinen wert. Keiner widerspricht nur immer; keiner passt sich immer an. Und wir lernen, wie man streiten und sich dennoch lieben kann.
2. Keiner, der nur immer jubelt; keiner, der nur immer weint. Oft schon hat uns Gott in unsrer Freude, unserm Schmerz vereint. Keiner trägt nur immer andre; keiner ist nur immer Last. Jedem wurde schon geholfen; jeder hat schon angefasst.
3. Keiner ist nur immer schwach, und keiner hat für alles Kraft. Jeder kann mit Gottes Gaben das tun, was kein andrer schafft. Keiner, der noch alles braucht und keiner, der schon alles hat. Jeder lebt von allen andern; jeder macht die andern satt.

Vorschlag zur Predigt

Die Gemeinde soll wachsen! Die Gemeinde in Jerusalem und unsere Gemeinde auch!
Wir sollen immer mehr werden. Wir sollen nicht nur unter uns sein. Wir sind keine geschlossene Gesellschaft. Unsere Kirchentür soll offen

stehen. Es ist wichtig, dass wir offen und einladend wirken und dass neue Leute sich zu uns hereintrauen. Womöglich gibt es welche, die wir bis heute vollkommen übersehen haben, einfach vergessen, nicht wahrgenommen. So war das damals in Jerusalem auch. Obwohl alles wirklich gut funktioniert hat, es ist einfach nicht alles perfekt. In keiner Gemeinde. Das ist wichtig zu wissen. Wir sind nicht die Einzigen, bei denen was schief läuft. Das war und ist normal. Und in Jerusalem wurd's unbequem, weil sich welche beschwert haben. Die Fremden natürlich, wer sonst. Die Einheimischen würden bevorzugt meinten sie. Typisch mal wieder. Jedenfalls gings ums Essen, und da verstehen wir gar keinen Spaß, wenn jemand zu kurz kommt. Das ist ja immer so, dass es welche gibt, die meinen, für sie würde zu wenig abfallen vom großen Kuchen. Und dann fangen sie an in den Krümeln zu suchen und finden heraus, dass sie benachteiligt sind. Immerhin positiv an der Sache ist, dass sie sich lauthals beschweren – und das ist nicht zu überhören. Meistens reden die Leute ja lieber hinten herum, beschweren sich mit vorgehaltener Hand, sind sauer, ziehen sich zurück, Stück für Stück – und keiner weiß, warum. Das ist hier besser. In Jerusalem ist angenehm, dass die Leute offen und ehrlich auf sich aufmerksam machen und damit für eine Veränderung sorgen. In der Gemeinde kann sich nur dann was zum Besseren verändern, wenn angesprochen und ausgesprochen wird, was nicht in Ordnung ist. Das ist nicht einfach, aber es ist einfach besser.

Und dann stellt sich heraus, was das Wichtigste ist, wenn Gemeinde wachsen und werden soll. Es braucht neue Leute von heute, die sich nicht zu schade sind zur Mitarbeit. Bei uns – und in Jerusalem außerdem.

Dort werden aus genau der Personengruppe, die sich unterversorgt fühlt, nämlich der griechischen, 7 auf einen Streich gewählt. Die kennen sich aus bei ihren Leuten, wissen worauf es ankommt und sprechen dieselbe Sprache. Und dann sind sie auch noch ausgesprochen vorbildlich, fast zu vorbildlich, werden über den grünen Klee gelobt, so macht man das halt, wenn man Leute gewinnen will, man streicht ihnen unentwegt den Bart, damit sie nicht die Segel streichen. Natürlich sind das keine Heiligen gewesen, wenn man einmal davon absieht, dass Gott alle Menschen sowieso heilig sind. MitarbeiterInnen sollen ganz normale Leute sein. Das ist absolut heilig genug. Wichtig ist, dass sie viel gelobt werden, dass ihnen viel zugetraut wird, selbstständig und verantwortlich die Auf-

gaben anzugehen, für die sie begabt sind. Und dann soll man sie auch ordentlich in ihr Amt einführen. Nicht einfach so mit Schulterklopfen und »schaun wir mal!«. Das soll die ganze Gemeinde wissen, feiern, begehen. Da sollen Hände aufgelegt und da soll gesegnet und gebetet werden, was die Kirchenbank hergibt. Da soll öffentlich demonstriert und zelebriert werden: Hier sind Menschen, die anpacken – und das ist bei uns und in Jerusalem, sehr angenehm!
(Anmerkung: Im Übrigen soll auch einmal Folgendes gesagt werden: Niemand muss alles machen. Niemand muss für alle da sein. Und keiner kann und soll es allen recht machen müssen und wollen. Wir ergänzen uns in unserer Verschiedenheit und Eigenartigkeit. Wir müssen unsere Verschiedenheit nicht als Anstoß für Zusammenstöße nehmen, sondern als Indiz für die Größe des göttlichen Unternehmens, das es sich leisten kann, so verschiedene MitarbeiterInnen zu ertragen. Konflikte und Auseinandersetzungen sind keine Schande und keine Sünde, sondern unvermeidliche Vorgänge, die uns einander vertrauter machen und einüben lassen, wie wir Nähe und Abstand regulieren. Harmonie ist nur vordergründig ein Qualitätsmerkmal. Versöhnte Verschiedenheit und austragbare Konfliktbegabungen qualifizieren uns allemal mehr für die ständig sich reformierende Kirche.)

Jetzt sollen im weiteren Verlauf des Gottesdienstes die anwesenden MitarbeiterInnen und ihre Arbeitsfelder kurz und knapp aber mit viel wertschätzender Aufmerksamkeit vorgestellt und gesegnet werden.
Das kann mit Unterstützung der Mitgliedern des Presbyteriums geschehen.
Sollten neue Leute gerade angefangen haben, dann ist dies die beste Gelegenheit, sie feierlich einzuführen.
Sollten MitarbeiterInnen aufhören, dann sollten sie nicht weniger feierlich verabschiedet werden. Genau das muss unbedingt auch mit einem hohen Stellenwert markiert werden, denn allzu oft haben wir unsere engagierten Leute so lieb und schließen sie so fest in unser Gebet ein, dass sie da nie wieder raus kommen. Es muss mit Respekt und Achtung wahrgenommen und unterstützt werden, dass man kommen und gehen darf. Beides muss als legitimes Verhalten qualifiziert und entsprechend begangen werden. Damit wird aus der Predigt eine erlebnisorientierte Mitarbeiterschaftsfeier, die sich kaum auf der Kanzel abspielt. Schön wä-

re es, wenn in diesem Gottesdienst eine sehr auf Feier und Vergewisserung ausgelegte Abendmahlsfeier/Agapefeier, möglichst im Kreis um den Altar gefeiert wird.
Am Ende sollte ein Aufruf stehen, mit dem um neue MitarbeiterInnen geworben wird. Dieser könnte auch als Ausschreibung, als Flugblatt an alle ausgehändigt werden.
Etwa mit folgendem Wortlaut:
»STELLENAUSSCHREIBUNG
Wir suchen Mitarbeiterinnen und Mitarbeiter für das weltweite Unternehmen GOTT & SOHN,
ein Unternehmen mit Zukunft. WIR GEBEN IHRER ZUFLUCHT EIN ZUHAUSE!
Besonders gebraucht werden männliche und weibliche Beter, Musikanten, Erzähler, Besucher, Tröster, Verbindungsleute, Fußgänger und Draufgänger und umgängliche Umgänger, Zuhörer, Bibelleser und Zeitungsleser, Sänger und Nichtsänger, zweifelnde Gläubige und gläubige Zweifler, gute Besserwisser, schlaue Schlaumeier, neue Neugierige, Mutige, Angsthasen und Osterhasen, schlichte Schlichter, Simultanübersetzer und streitfähige Streiter, Skeptiker, Schlafwandler, bedachte Neunmalkluge, frisch Aufgeweckte, einigermaßen Begeisterte, langsame Langstreckler und spritzige Sprinter, gut gelaunte Frühaufsteher und verträumte Nachtschwärmer, – kurzum Leute von heute, so wie du und ich, und er und ihr und wir und sie ...
Heimarbeit ist erwünscht, Mitarbeit ist weder orts- noch zeitgebunden. Der Gewinnanteil wird in Form von Leben vor und nach dem Tod ausgezahlt. Die Lohntüte ist voller Sinn. Der Arbeitsfriede wird angestrebt. Das Streikrecht wird nicht abgesprochen. In barer Münze wird nicht heimgezahlt. Statt in Währung in Form von Bewahrung. Gleicher Lohn und Teilhaberschaft für alle. Himmelhohe Aufstiegschancen werden eingeräumt. Betriebsversammlung ist an jedem Sonntagmorgen zwecks Zwischenbilanz und Auftragslage. Ansonsten Außendienst auf selbstständiger Basis und persönlicher Einteilung. Flexible Arbeitszeit. Pausen sind unbedingt einzulegen. Angestellte auf Lebenszeit mit dem Recht auf Kündigung jederzeit. Nach dem Tode ist allerdings mit einstweiligem Ruhestand zu rechnen. Näheres regelt die Geschäftsleitung. Zuständiger Gerichtsort ist der Himmel – auch auf Erden. Ein Vorstellungsgespräch findet – wenn gewünscht – jederzeit statt. Dabei kann

jede und jeder entweder mit der Geschäftsführung, dem Senior- oder dem Juniorchef direkt Kontakt aufnehmen, oder einen vom anwesenden Bodenpersonal hier ansprechen ...«

Kontext

Im Übrigen meine ich
dass Gott der Herr
uns immer wieder in die Nähe seines Himmels führt
sein Wort durch unseren Kopf gehen lässt
seinen Blick in unser Herz senkt

Er möge uns
sichtbar und unsichtbar zeigen
das wir nicht verloren sind
auch wenn die Welt verloren ging
und das er sich unser erbarmt
so wie wir uns erbarmen wollen

Die Hilflosen und Beladenen
die Obdach- und Besitzlosen
sollen unser besonderes Augenmerk haben

Die Kunst des Zusammenfühlens und
Zusammendenkens
möchten wir wieder lernen
mit ihm, dem Sohne und dem Heiligen Geiste

Lehre uns auf deine Weise
die Dinge zu Ende zu denken
sodass wir neu anfangen können
mit dir und mit allen Geschöpfen
die du gemacht
mit der Schlange und dem Pferd
den Menschen aller Arten und Abarten
den weißen den farbigen
allen die unter deinem Himmel
der heute in Leib und Seele bei uns ist
leben sterben und sich wiedersehn.

Hanns Dieter Hüsch, aus: Hanns Dieter Hüsch/Joan Miró, Das kleine Buch zwischen Himmel und Erde, Seite 36, 2001/2 © tvd-Verlag Düsseldorf, 2000

14. Sonntag nach Trinitatis
Der 1. Brief an die Gemeinde in Thessalonich 5,14–24

Kurt Dohm

Exegetisch-homiletische Skizze

Der 1 Thess ist das älteste bekannte christliche Dokument, 50/51 verfasst. Nur wenige Monate sind seit der Gründung der Gemeinde durch Paulus und seine Mitarbeiter Silvanus (Silas) und Timotheus vergangen. Die Nachrichten, die Timotheus von einem Besuch in der Gemeinde mitgebracht hatte (3,6), waren erfreulich. Paulus lobt den Glauben und die Liebe der Gemeinde und sieht sie als Vorbild (1,7 f.) für »alle Gläubigen in Mazedonien und Achaja«. Er betont seine enge innere Verbundenheit mit ihr (3,6–13). Es entspricht der frühen Abfassungszeit des Briefes, dass er noch zu Lebzeiten (4,15) die Parusie erwartet. Trotzdem ermahnt er die Gemeinde zu einem sittlich zu verantwortenden Leben in der Gegenwart (4,11–12).
Die noch junge und wohl auch recht kleine Gemeinde in Thessalonich sieht sich einer vielfältigen Religiosität in ihrer Umwelt gegenüber. Sicher hat es eine jüdische Diasporagemeinde gegeben, Kaiserkult und Mysterienkulte werden ebenso zum sonst recht toleranten religiösen Leben gehört haben. »Andererseits kann der Ausschließlichkeitsanspruch, mit dem der Christusglaube auftrat ... leicht zu den Feindseligkeiten geführt haben, die der Brief voraussetzt« (E. Reinmuth in NTD 8/2, Göttingen 1998, Seite 110). Paulus ermahnt die Gemeinde demgegenüber zu einem eher unauffälligen und achtbaren Leben (4,11 f.), entsprechend seinem eigenen Vorbild.
Der Brief ist einheitlich und von klarem Aufbau. Die Abgrenzung der Perikope mit V. 14–24 wäre auch anders denkbar, ist aber auch so gut möglich. Sie lässt sich in vier Unterabschnitte gliedern: V. 14–15 Mahnung zum Frieden in der Gemeinde und nach außen hin; V. 16–18 Mahnung zu einer Lebenshaltung des Glaubens in Freude, Gebet und Dank;

V. 19–22 Der Geist als Hilfe bei der Unterscheidung der Geister; V. 23–24 Segen, Fürbitte, Vergewisserung in Christus.
Die Mahnungen V. 14–15 sind allgemein gehalten und lassen kaum spezielle Gemeindesituationen erkennen. Sie richten sich auf den Frieden und den Zusammenhalt in der Gemeinde, auf Konfliktvermeidung nach außen hin, auf eine freudige und beständige Glaubenshaltung und auf eine Ausrichtung zum Guten hin. Bei den »Unordentlichen« mag man an Gemeindeglieder denken, die angesichts der nahen Parusie jegliche bürgerliche Existenz aufgegeben haben und die Gemeinde dadurch belasten und in Verruf bringen. Die »Kleinmütigen« könnten jene sein, die angesichts des Todes von Gemeindegliedern in Zweifel geraten sind. »Schwache« sind vielleicht solche, die durch das religiöse Umfeld unsicher in ihrem Verhalten geworden sind (vgl. die Frage des Götzenopferfleisches in 1 Kor 8) oder einfach nur Kranke. Die Frage des Umgangs mit dem Bösen ist wohl ein wichtiges Anliegen des Apostels, findet sich die Mahnung V. 15 so auch in Röm 12,17. Die Aufforderungen V. 16–18 sind keine konkreten Verhaltensanweisungen (sie wären so auch unerfüllbar), sondern als Glaubenshaltung zu verstehen. Mit »allezeit, ohne Unterlass, in allen Dingen« ist die das ganze Leben umfassende neue Existenz des Christen gemeint, die auch nach außen hin ausstrahlt (V. 14 und 15: »gegen jedermann«). Das »Prüfen« V. 21 bezieht sich auf die verschiedenen in der Gemeinde durch den Geist bewirkten prophetischen Bezeugungen (vgl. 1 Kor 14,27–29). Den Abschluss bildet eine feierliche Fürbitte mit segnendem Charakter. Die Bitte umfasst mit »Geist, Seele und Leib« in einzigartiger Weise die gesamte Existenz des Menschen und ist das eschatologische Ziel seines Daseins (Reinmuth, a.a.O., Seite 155). Die Formel lässt an Segen und Versiegelung bei der Taufe denken (2 Kor 1,21 f.; Eph 1,13 f.; 4,30), an die »rechtliche Übereignung an den Kyrios und damit Kennzeichnung des Einzelnen für das eschatologische Israel« (E. Dinkler, »Versiegelung«, RGG, 3. Aufl., Tübingen 1962, Sp. 1367). Entsprechend wird V. 23 auch gern als Segensformel bei Taufen verwandt. Der Versiegelungsgedanke könnte bei einer Predigt zur Taufe fruchtbar gemacht werden.
Am 1. September 2002, wenn dieser Text gepredigt werden wird, sind in vielen Bundesländern die Ferien gerade vorüber, in den Gemeinden beginnt die Herbstarbeit. Was wird die Menschen dann bewegen? Zur Zeit, in der ich diese Bearbeitung abfasse, sind es Themen wie Private

Rentenvorsorge, BSE und MKS, die hohen Benzinpreise, das holländische Gesetz zur aktiven Sterbehilfe, die Suche nach »Werten«, die Einsetzung einer Ethik-Kommission für die Anwendung der Gentechnik, die Suche nach einem verschwundenen kleinen Mädchen, die Castor-Transporte. In meiner Gemeinde stehen wir vor personellen Umbrüchen, was sowohl Abschied als auch neue Impulse bedeutet. Wir richten uns auf eine engere Zusammenarbeit mit den Nachbargemeinden ein, was mit Neugier, Interesse, aber auch Sorgen verbunden ist. Nach mancher Stagnation und Frustration gibt es verhaltenen Optimismus und gewisse Erwartungen.
Was ist zu predigen? Bernd Giehl (Gottesdienstpraxis VI/4, 1996, Seite 21 f.) spricht vom »neuen Leben« aus dem Geist Jesu. Johanna Haberer und Gottfried Stritar (Predigtstudien VI/2, 1995, Seite 213 f.) schlagen, vor: »Liebe Gemeinde, reden wir über uns!« Und Joachim Track (Calwer Predigthilfen, Neue Folge, V/2, 1996, Seite 149) nennt als Thema: »Anders leben.« Auch Themen wie Freude, Gebet, Dankbarkeit (V. 16–18) sind möglich. Ich möchte auch diesmal von V. 23, dem Segenswunsch des Apostels, ausgehen und von daher den Text entfalten.

Predigtidee

»Der Gott des Friedens heilige euch durch und durch …« – unter einem solchen Wort können wir heute zusammenkommen und mit einem solchen Wort können wir das Leben in unserer Gemeinde gestalten.

Predigtthema

Der Gott des Friedens heiligt unser Leben.

Vorschläge zur Liturgie

Lieder

EG 365 Von Gott will ich nicht lassen
EG 295 Wohl denen, die da wandeln

EG 414 Lass mich, o Herr, in allen Dingen
EG 170 Komm, Herr, segne uns
EG 390 Erneure mich, o ewigs Licht
EG 347 Ach, bleib mit deiner Gnade
auch Pfingstlieder und Danklieder

Lesungen

Ps 146 (EG 757) oder 103 i. A. oder 67 (EG 730)
AT: Gen 28,10–19 a
Evangelium: Lk 17,11–19; Mt 5,2–12; Mt 5,38–48
Epistel: Röm 12,1–2.9–21

Gebet

Du Gott des Segens,
als Geschenk auf den Weg erbitten wir die Gabe,
unterscheiden zu können zwischen Segen und Fluch,
dass wir erkennen, was sich segensreich auswirkt
im Forschen und Erfinden,
im Reden und Verschweigen, im Tun und Lassen,
dass wir beizeiten erkennen, was dem Segen dient,
dass wir beizeiten durchschauen, was zum Fluch wird,
weil wir die schädlichen Folgen nicht bedenken
und Warnungen in den Wind schlagen.

Du Gott des Segens,
als Geschenk auf den Weg erbitten wir die Gabe,
den Segen zu fördern und dem Fluch zu wehren,
die Hände zu öffnen zum Empfang des Guten,
die Hände und Füße, Verstand und Phantasie
zu gebrauchen, um das Gute weiterzugeben,
die Hände aufzuheben, um mit Wort und Tat
dem Fluch Einhalt zu gebieten.

Du, Gott des Segens,
als Geschenk auf den Weg erbitten wir die Gabe
der Unterscheidung zwischen Segen und Fluch.

Dieter Trautwein, aus: Segen, Kiefel/Gütersloher Verlagshaus GmbH, Gütersloh 1999, Seite 28. Rechte beim Autor. (Anmerkung: Statt »Fluch« lässt sich auch sagen »das Böse«)

Vorschlag zur Predigt

Möglicher Anfang

»Wir ermahnen euch« – so, liebe Gemeinde möchte ich nicht gern beginnen. Der erhobene Zeigefinger von der Kanzel, das autoritär klingende Wort aus geistlichem Mund – das kommt heute wohl nicht mehr gut an. Dafür sind Sie, sind wir zu selbstbewusst und zu erwachsen geworden, als dass wir uns noch ermahnen lassen. Sich raten lassen, sich Mut zusprechen lassen, sich zu Freude und Hoffnung einladen lassen, ja gern, aber bitte keine Ermahnung. Und was ich mir nicht sagen lassen möchte, kann ich auch nicht anderen sagen. Darum möchte ich lieber mit den letzten beiden Versen unseres Briefabschnitts beginnen: »Er aber, der Gott des Friedens, heilige euch durch und durch ...«. Das ist ein guter Segenswunsch für Sie und für uns alle. Das können wir uns sagen lassen und vor allem auch füreinander erbitten. Unter einem solchen Wort kann man gut zusammenkommen.

Zum weiteren Verlauf

Einleitend reflektiere ich mögliche Erfahrungen, die sich mit dem »Gott des Friedens« verbinden. Wir leben bereits in einer langen Friedensperiode, haben die »friedliche Revolution« in Europa erlebt, blicken auf mehr als zehn Jahre Wende zurück – Grund zu Dankbarkeit und Freude. Aber es verbinden sich mit dem »Gott des Friedens« auch andere Erfahrungen: Wir werden daran erinnert, dass am 1. September 1939 der Zweite Weltkrieg ausgebrochen war mit all seinen schrecklichen Folgen; in vielen Teilen der Welt – gerade auch im heiligen Land – herrschen Unruhe und kriegsähnliche Zustände. Solange das so ist, ist der Friede nicht vollendet. Der Friede ist nicht teilbar. Das Segenswort vom Gott des Friedens ist nicht nur für uns gesagt. Siebenfach heißt es im Textabschnitt »alle, allezeit, jedermann«. Niemand, nichts soll verloren gegeben werden, alle sollen bewahrt werden im Frieden Gottes. Und Gott ist treu. »Er wird es auch tun.« Mit dieser Verheißung lebt die christliche Gemeinde.

Dann spreche ich vom Segenswort, das in seinen Wirkungen den Alltag der Christen heiligt. Wer sich geheiligt weiß, wird nicht unheilig leben können. Bestimmte Dinge sehen dann eben anders aus. Da werden Mutlose getröstet, Schwache mitgetragen und geschützt, mit Schwierigen

Geduld geübt (Beispiele!). Der innere Frieden einer Gemeinschaft bestimmt sich in dem Maß, wie die Schwachen und Kleinen geschützt werden. Das gilt auch im Prozess der Neuorientierung von Gemeinden. Geduld ist nötig. Oft wird vergessen, dass viele Dinge Zeit brauchen, dass Menschen Zeit brauchen, zum Nachdenken, zum Gespräch, um zueinander zu finden, für sich selbst. Dabei sei das ganze Leben ein frohes und dankbares Hinnehmen dessen, was uns von Gott geschenkt wird. Das ganze Leben sei ein unaufhörliches Gespräch mit Gott, im Hören und Antworten, im Denken und Tun. So fließt das, was Gott von uns und für uns will, in unser Leben ein, bestimmt es, heiligt es, segnet es. Dann geschieht, was Paulus für die Thessalonicher erbittet.

Möglicher Schluss

»Den Geist dämpfet nicht, prophetische Rede verachtet nicht. Prüft aber alles, und das Gute behaltet.« Da haben wir eine schöne gemeinsame Aufgabe vor uns. Zeigen wir einander das Gute, das wir erfahren haben, sprechen miteinander darüber, tauschen uns gegenseitig aus, und unser Leben wird reicher werden.

»Der Gott des Friedens heilige euch durch und durch« – so soll nun dieses Wort auch am Schluss stehen. Gottes Geist heilige unser ganzes Leben. Vieles geht durch unsere Hände: Unser eigenes Wohlergehen, unsere Freiheit, das Leben der Gemeinde, die Zukunft unseres Volkes. Eine Menge Verantwortung liegt auf uns, viele Aufgaben kommen auf uns zu. Wenn sie gelingen sollen, dann müssen sie vom Geist Gottes und seinem Frieden durchdrungen und geheiligt sein. Darum mein Wunsch und Gebet für uns alle: »Er aber, der Gott des Friedens, heilige euch durch und durch ...«

Symbole, Aktionen

Von Vers 23 her sind verschiedene Segnungshandlungen denkbar:

- als Entlassungsegnung mit Handauflegung oder Kreuzzeichen beim Abendmahl.
- als Segnung mit Salbung (wenn die Gemeinde darauf vorbereitet ist).

Diese Segnungen können auch von darin eingewiesenen Laien durchgeführt werden.

- Gegenseitiger Friedensgruß zum Abendmahl oder nach dem Schlusssegen.

Kontexte

»Mensch sein heißt wissen, dass man ein Heiliger sein sollte. Ein Heiliger zu sein, heißt wissen, dass man Mensch sein darf - dieser konkrete Mensch mit seinen Schwächen und seiner Enttäuschung, mit seiner Unfähigkeit und seiner Schuld. Du brauchst nichts Außerordentliches zu leisten, du musst nicht jederzeit der Beste sein. Du brauchst dich nicht mit deinen Fehlleistungen abzuplagen, du musst dir nicht unablässig Vorwürfe machen. Im Gegenteil: Du bist nun frei, dich in Ruhe mit eben dem, was dich beunruhigt, auseinanderzusetzen. Du bist vielleicht ein merkwürdiger Heiliger, aber ein Heiliger.«

Hans-Martin Barth, Sehnsucht nach den Heiligen? Quell/Gütersloher Verlagshaus GmbH, Gütersloh 1992, Seite 152 f.

»Die Option für die Armen, worum die Kirche sich bemüht, ist die Option Gottes für die Schwachen, die Ausgegrenzten und die, die in diesem Leben zu kurz kommen. Ihnen gilt seine Botschaft und sein Heil.«

F. Hengsbach, in: Glut unter der Asche, hrsg. von M. Pilters und W.-R. Schmidt, Gütersloher Verlagshaus GmbH, Gütersloh 2000, Seite 150.

Tipp zum Text

Zur Heiligung des Lebens und der Einheit von Geist, Seele, Leib lese man Lebensgeschichten wie die von Elisabeth von Thüringen oder Hildegard von Bingen. Ein sehr schönes Buch zur Letzteren erschien 1997 bei Herder, hrsg. von Heinrich Schipperges: Die Welt der Hildegard von Bingen, Panorama eines außergewöhnlichen Lebens.

15. Sonntag nach Trinitatis

Das 1. Buch Mose 2,4b–9 (10–14) 15

Reiner Jansen

Exegetisch-homiletische Skizze

Die Erzählung zielt auf die Erschaffung des Menschen, nicht auf die Weltschöpfung. Das wird bereits durch die umständliche Einleitung – insbesondere durch V. 5b – deutlich hervorgehoben. Gleich zu Anfang wird der Mensch geschaffen. Was dann noch kommt, ist »direkt auf den Menschen bezogen; es dient der Versorgung des Menschen, gehört also indirekt zur Menschenschöpfung hinzu.« (C. Westermann, Bibl. Komm. AT, Bd. I/1, 3. Aufl. 1983, Seite 269)

Einige Bemerkungen zur Exegese:
V. 7: Bereits durch die Verwendung der beiden Wörter adam und adama kommt die schöpfungsmäßige Verbundenheit von Mensch und Erde unübersehbar zum Ausdruck. Adam meint hier freilich nicht einen einzelnen Menschen, sondern eher die Gattung, die Menschheit. Wenn dann später Adam gleichsam zum Namen des ersten Menschen wird, der bei Paulus im Sinne einer heilsgeschichtlichen Theologie Christus, dem »neuen Adam« (Röm 5,12ff.) gegenübergestellt wird, so liegt eine andere Akzentuierung vor. Heutige Hörer/innen des Textes denken wahrscheinlich primär an den ersten Menschen, eben »Adam«.
Die Erschaffung des Menschen aus Erde, Ton oder Staub ist ein uraltes Motiv, das sowohl in Ägypten wie im Alten Testament keineswegs singulär ist (vgl. Westermann, Seite 276ff.). Dass hier aber auch das Wort »Staub« (Aphar) gebraucht wird, dürfte nicht zufällig sein. Staub ist eigentlich nicht das geeignete Material für den Töpfer; es lässt sich nicht kneten oder formen. Er steht für die Hinfälligkeit und Begrenztheit menschlichen Lebens; vgl. Gen 3,19: »Staub bist du, und zum Staub sollst du zurückkehren.«

Der zweite Akt der Schöpfung besteht darin, dass Gott dem Menschen Lebensodem einhaucht. Erst dadurch wird aus dem stofflichen Körper ein lebender Mensch. Damit ist für die hebräische Bibel zugleich auch ein dunkler Aspekt verbunden. »Wenn Gott seinen Odem zurückzieht (Ps 104,29 f.; Hob 34,14 f.), so fällt der Mensch zurück in tote Stofflichkeit« (G. v. Rad, Das erste Buch Mose, ATD 2/4, 6. Aufl. 1961, Seite 62). Aus dem Leben wird der Leichnam. Hier wird der Mensch nicht gesehen als einer, der aus mehreren Bestandteilen zusammengesetzt ist, etwa aus Leib und »Seele«, »sondern er besteht in einem ›Etwas‹, das durch die Belebung zum Menschen wird.« (Westermann, a.a.O., Seite 282).
Für den Menschen pflanzt Gott einen Garten in Eden. Hier steht vielleicht im Hintergrund ein mythischer Gottesgarten, ein heiliger Bezirk, in dem die Gottheit wohnt und der deshalb von Cheruben bewacht wird (vgl. 3,24). Wo genau »Eden« im Osten lag, wussten offenbar auch die biblischen Verfasser nicht mehr. Im Eigennamen schwingt auch das hebräische Wort edän (Wonne) mit. Luther spricht in seinen Predigten von einem »Lustgarten«. In unserem Text scheinen die mythischen Konnotationen schon ganz verblasst zu sein. »Der Garten ist nur für den Menschen angelegt und will als eine Gabe von Gottes gnädiger Fürsorge verstanden sein.« (v. Rad, a.a.O., Seite 62). Im Bild vom Garten steckt ein uralter Menschheitstraum: ein ersehnter Ort der Erquickung, der Geborgenheit und des Friedens. Dass für den Menschen mit dem Garten auch eine Aufgabe verbunden ist, ihn zu bebauen und bewahren, ist nicht das Erste, was gesagt wird. Noch vorher wird betont, dass der Garten Bäume mit köstlichen Früchten hervorbringt, deren bloßer Anblick schon ein Genuss ist. Schon diese Zuordnung von Gabe und Aufgabe (Evangelium und Gesetz), legt es nahe, die Predigt nicht im Appell zur Bewahrung der Schöpfung aufgehen zu lassen.
Eine Schwierigkeit für die Exegese und die Predigt bilden die beiden Bäume in V. 9. Im ganzen dritten Kaptitel der Genesis ist nur noch von dem Baum (in der Mitte des Gartens) die Rede. Der Baum des Lebens kommt (im Unterschied zum Baum der Erkenntnis!) auch sonst in der hebräischen Bibel und in der Mythologie des Alten Orients vor. In den Kommentaren zur Genesis besteht weitgehend Einigkeit darüber, dass hier ursprünglich nur von einem Baum die Rede war. Für Calvin ist der Baum ein Symbol dafür, dass der Mensch das Leben als Gottes Geschenk annehmen solle.

Das Wort »Paradies« ist ein Lehnwort aus dem Alt-Iranischen und meint ursprünglich den umzäunten Park. Die hebräische Bibel gebraucht in den Schöpfungsberichten zwar nicht dieses Wort. Das, was hier am Anfang der Bibel als »Paradies« vorgestellt wird, unterscheidet sich fundamental von allen landläufigen oder phantastischen Vorstellungen eines Schlaraffenlandes bzw. eines dolce far niente. Nach V. 15 gehört die Arbeit des Menschen von vornherein zu seiner Bestimmung. Sie ist »Kultur« (Pflege) im ursprünglichsten Sinne und als solche ein Mandat Gottes. Was – der zweifellos sehr fleißige – Calvin so kommentierte: »Also will Mose uns lehren, dass der Mensch zur Tätigkeit, nicht zur trägen Untätigkeit bestimmt ist. Seine Arbeit war Lust und Vergnügen für ihn, da war nichts von Ärger und Beschwer.« (a.a.O., Seite 40)
Der Text ist durch die Perikopenordnung gut ins Kirchenjahr eingebettet. Als Ergänzung passt er auch zum Sonntagsevangelium (Matth 6,25–34) mit dem Aufruf: »Sorget nicht!« Ende September freuen sich viele Menschen noch einmal über den Spätsommer, die Natur, die Gärten und die Früchte. Vom Text her erweisen sich als wichtige Themen: Vertrauen auf den Schöpfer, Dankbarkeit für das Geschenk des Lebens, das Annehmen unserer Erdverbundenheit und der damit gegebenen Grenzen, die Arbeit als wichtige Dimension des Lebens in der Verantwortung vor Gott. Jedes dieser Themen würde sich für eine eigene Predigt eignen. Dazu auch Wörter wie: Garten, Erde, Staub, Atem. Auch die von mir nicht beachteten vier Flüsse in V. 10–14 (die ja mit der Geschichte nicht organisch verbunden sind) könnten Ausgangspunkt für eine Paradies-Predigt sein. In meinem Entwurf entscheide ich mich für eine homilieartige Auslegung des Textes. Auf Aktualisierungen verzichte ich ganz bewusst. Sie wären vielleicht sehr schnell veraltet und ergeben sich dann, wenn die Predigt zu halten ist, fast von selbst.

Predigtidee

Vertrauen auf den Schöpfer heißt:
das Geschenk des Lebens dankbar anzunehmen. In der Treue zur Erde erfüllt sich unsere menschliche Bestimmung.

Predigthema

Das Paradies; Vertrauen auf den Schöpfer: unsere Verbundenheit mit der Erde.

Vorschläge zur Liturgie

Votum

Wir feiern diesen Gottesdienst im Namen Gottes.
Gott ist die Quelle unseres Lebens.
Durch Jesus Christus will er uns und die ganze Schöpfung erneuern.
Und in der Kraft seines Geistes wird er uns begleiten,
wenn wir Gottes Schöpfung schützen und bewahren.

Lieder

EG 503 Geh, aus mein Herz (in V. 1 und 14: der Garten);
EG 504 Himmel, Erde, Luft und Meer
EG 534 Gott gab uns Atem

Zum Kyrie

Gott, du hast alles geschaffen.
Dir verdanken wir die Blumen, die Bäume, die Menschen, die Tiere.
Du liebst die ganze Welt, die du geschaffen hast.
Doch wir machen Unterschiede.
Wir behandeln die Natur, als würden die Gifte nicht wirken;
wir teilen die Menschen in Alter, Behinderungen, Hautfarben, Sprachen ein und unterdrücken die einen, um die anderen an der Macht zu halten.
Wir bitten dich: Lass deine Liebe unsere Herzen und Seelen erreichen;
damit wir deine ganze Schöpfung respektvoll behandeln.
Kyrie eleison, kyrie eleison, kyrie eleison

Tomke Ande, aus: Der Gottesdienst. Liturgische Texte in gerechter Sprache, Bd. 1, Gütersloher Verlagshaus GmbH, Gütersloh 1997, Seite 104

Vorschlag zur Predigt

Hinführung zum Text

Ganz am Anfang der Bibel werden uns zwei Erzählungen über Gott den Schöpfer und sein Werk überliefert. Beide sind in ihrer Art ganz ver-

schieden. Ich möchte heute einen Teil, den zweiten, auslegen. Da geht es um den Garten in Eden und die Erschaffung des Menschen.
Bevor ich nun aus 1. Mose 2 lese, möchte ich noch einen Moment mit Ihnen über die Überschrift nachdenken. In den meisten Bibelübersetzungen steht hier ein Wort, das ganz wunderbar klingt und ganz spezielle Erwartungen hervorruft: Das Paradies.
Wie sieht das aus? Wie stellen wir uns das vor ?
Als Schlaraffenland? Wo man gar nichts mehr zu tun hat? Wo man total versorgt wird? Oder als Einkaufsparadies – so ein Mega-Zentrum, wo man alles kaufen kann? Wenn die Bibel vom Garten in Eden spricht, dann setzt sie voraus, dass wir nicht im Paradies leben. Aber – nun fragen Sie sich vielleicht: Wo liegt dann dieses Paradies? Hat es das je gegeben? Die Bibel sagt: Dieser Garten lag irgendwo im Osten, im Land Eden. Und schon damals, wo das aufgeschrieben wurde, wusste kein Mensch mehr, wo das denn sein sollte, wo das auf der Landkarte zu finden wäre.
Lesung: Gen 2,4–15 (ohne V. 10–14)

Möglicher Anfang

Eines ist klar: In dieser alten Schöpfungserzählung geht es nicht um wissenschaftliche Erkenntnisse, wie das Leben auf der Erde entstanden ist. Sondern es geht um Fragen wie: Was ist der Mensch? Was ist seine Bestimmung von Gott her? Und wo sind seine Grenzen? Und wenn es um das Letzte und Tiefste geht, dann spricht die Bibel in Bildern und Gleichnissen. So ist auch der Garten in Eden eine Art Symbol oder Gleichnis für das, was Gott ursprünglich seiner Schöpfung gegeben hat. Wenn wir uns darauf einlassen, kann uns das den Blick öffnen für das Wunderbare und Geheimnisvolle im Leben und in der Welt um uns her.
Unser Bibeltext überliefert uns uralte Weisheit, die damals in Israel und anderen Völkern erzählt wurde. Immer fängt es damit an, dass Menschen staunen: Woher kommt das Leben? Warum ist überhaupt etwas da und nicht nichts?
Alles Leben kommt von Gott. Gottes Weisheit steckt hinter allem und in allem, auch dort, wo wir es nicht sehen oder erkennen. Und so wird auch in unserer Erzählung ganz handgreiflich und anschaulich geschildert, wie Gott menschliches Leben schafft.

Zum weiteren Verlauf

1. Gott schafft den Menschen aus Erde und haucht ihm Leben ein.

Hier wird es geradeheraus gesagt: Der Mensch – wir alle – stammen von der Erde, sind aus Erde. Von unserem Ursprung her sind wir zutiefst mit der Erde verbunden. Wir sind nicht etwas total anderes, als die uns umgebende Natur oder die anderen Geschöpfe. Wir gehören zur Erde. Und das wird in der hebräischen Bibel überdeutlich gesagt:

Mensch heißt auf Hebräisch Adam (= kein Eigenname). Und Erde heißt: »Adama«; das ist eine weibliche Form: Mutter Erde. Erst durch Gottes persönliche Zuwendung entsteht das Leben in uns. Das Leben wird uns geschenkt. Wir haben es nicht erfunden und nicht gemacht. Und wenn wir aufhören zu atmen, dann kehren wir wieder zur Erde zurück. »Von Erde bist du genommen und zu Erde wirst du wieder werden.«

Ja, unser Leben hier auf der Erde ist ein Geschenk, das uns froh und dankbar machen kann. Oft realisieren wir das ja erst, wenn wir persönlich erfahren haben, wie schnell es hätte zu Ende sein können, wenn eine Krankheit, ein Unfall oder sonst eine Bedrohung uns schwer zugesetzt hat. Oder wenn das Leben uns irgendwie zur Last geworden ist, wenn uns Freude und Lust am Leben abhanden gekommen sind.

Das Geschenk des Lebens hat auch eine Grenze: Es ist begrenzt durch Geburt und Tod. Das gehört zu den Bedingungen des Menschseins und allen Lebens auf der Erde. Und gerade das macht uns manchmal große Mühe und tut uns weh, dass wir immer wieder Abschied nehmen müssen. Wenn wir aber dazu Ja sagen können, dass wir zur Erde zurückkehren und in Gottes Hand geborgen sind, dann bekommen wir Kraft für unser Leben, so wie es wirklich ist.

2. Der Garten als Geschenk: ein Lob des Schöpfers

Und nun kommt das Zweite: Der Mensch wird reich beschenkt. Er wird nicht eingesperrt in Betonplatten und muss den ganzen Tag Däumchen drehen oder alle Fernsehsender durchzappen. Nein, Gott schafft extra für ihn einen herrlichen Baumgarten: den Garten in Eden. Und der hat köstliche Früchte. Die sind auch für den Menschen bestimmt.

Und wenn die Bibel dieses großartige Bild vom Garten in Eden malt, dann stimmt sie damit ein Loblied auf den Schöpfer an. Er versorgt uns reichlich. Er schenkt weit über das hinaus, was zum bloßen Überleben dient. Er gönnt uns Menschen alles, was uns zur Freude dient. Er freut sich mit uns. Der gedeckte Tisch – Essen und Trinken – werden in der Bibel geradezu zum Gleichnis der Freude im Reich Gottes

3. Wir leben nicht im Paradies
Für uns ist es klar: Wir leben nicht im Paradies. Wir müssen nicht das verlorene Paradies irgendwo auf der Landkarte suchen. Zuviel Hass, Zerstörung, Gewalt, zuviel Leid und unnötiges Sterben sind in unserer Welt, als dass wir es einfach ohne Abstriche als paradiesisch empfinden könnten. Paradiesisch, das müsste doch heißen; dass jeder Mensch im Einklang mit sich, mit seinen Mitmenschen und mit Gott in einem echten Frieden leben könnte; dass alle die Früchte ihrer Arbeit genießen könnten, ohne auf Kosten anderer Menschen oder anderer Tiere zu leben. Und selbst wenn wir im Urlaub oder in ganz speziellen Momenten unseres Lebens manchmal sagen: »Das ist jetzt schon fast wie im Paradies« – dann gibt es doch immer den Moment, wo wir in die gewöhnliche Wirklichkeit unseres Lebens zurückkehren.
Nein, die Geschichte vom Garten Eden will uns nicht sagen, wie es ist, sie will uns nur daran erinnern, wie es sein könnte, was Gott der Schöpfer ursprünglich wollte, und was hätte sein können, wenn wir Menschen nicht dauernd unsere Grenzen überschreiten würden. Die Grenzen, die uns gesetzt sind und für die der Baum in der Mitte des Gartens gleichsam als Symbol steht. Der Garten Eden ist so etwas, wie ein Spiegel, der Gottes Herrlichkeit und sein Licht in der Schöpfung zeigt in einer Welt, die gespalten und zerrissen und manchmal sehr dunkel ist.

4. Das Paradies ist nicht das Schlaraffenland: Arbeit gehört zur menschlichen Bestimmung.
Etwas freilich ist ganz deutlich: Der Garten Eden meint etwas ganz anderes als das Schlaraffenland oder ein Ferienparadies oder ein Einkaufsparadies. Hier werden die Menschen nicht nur reich beschenkt, sie bekommen auch eine Aufgabe. Wir sind hier, um die Erde zu bebauen und zu bewahren. Die Arbeit gehört von Anfang an und auf jeden Fall zum menschlichen Leben. Zum Dasein des von Gott geschaffenen Menschen gehört eine Aufgabe. Eine Aufgabe, die im Dienste des Schöpfers und der Bewahrung der Schöpfung steht. Und was ist heute dringender als das, dass wir unsere Grenzen akzeptieren, dass wir auch ein Teil der

Schöpfung sind und leider die Möglichkeiten und Mittel haben, noch mehr oder alles zu zerstören.
Eine Aufgabe zu haben, an etwas zu arbeiten, das dem Aufbau, dem Frieden und der Erhaltung der Schöpfung dient, das ist ein Segen. Das macht unser Leben sinnvoll und erfüllt. Das ist kein Fluch und auch nicht nur ein notwendiges Übel. Erst dort, wo wir uns verkrampfen und darunter leiden, dass wirklich oder scheinbar so vieles vergeblich ist und wieder zerstört wird, da wird die Arbeit zur Belastung und zum Problem. Da sehen wir nur noch die Dornen und Disteln im Acker und nicht das, was wächst und Freude macht.

Möglicher Schluss

Nun hoffe und wünsche ich uns, dass uns immer wieder die Augen geöffnet werden für die Schönheit der Schöpfung, für die in ihr verborgene Herrlichkeit Gottes und für die Aufgaben, die auf uns warten, wenn wir die Schöpfung bewahren wollen. Dazu gebe uns Gott Weitsicht, Kraft und Mut.

Gestaltungsidee

Zum Thema »Paradies« können Schüler eine Collage machen. Oder sie können zusammenstellen, was im Internet bzw. in Werbeprospekten alles als »paradiesisch« angepriesen wird.

Kontext

Rabbi Bunam sprach: Jeder Mensch sollte eigentlich zwei Stückchen Papier in seinen Taschen tragen. Auf dem einen sollte stehen: »Ich bin die Krone der Schöpfung.« Auf der anderen: »Ich bin nur Staub und Asche.« Beides ist der Mensch in den Augen Gottes.

Nach Martin Buber

Diakoniesonntag
Das Evangelium nach Matthäus 7,7–11

Thomas Waldeck

Exegetisch-homiletische Skizze

Die Ausrichtung auf Gott hin und die Gestaltung des menschlichen Miteinanders – diese beiden Leitthemen sind in der Bergpredigt vorgeordnet: Mit Mt 7,1 wird die Feldrede wieder aufgenommen und Mt geht zu den Beziehungen zu den Mitmenschen über. Beides – die Beziehung zu Gott und die Beziehung zu den Menschen – gehört aber zusammen und ist nicht voneinander zu trennen.

Der Predigttext Mt 7 beginnt mit einer Aufforderung zum Bitten. Die drei Verben – bitten, suchen, anklopfen – gehören im jüdischen bzw. judenchristlichen Sprachgebrauch in den Bereich der Gottesbeziehung: Es geht also ums Beten.

Jeder, der Gott bittet, empfängt. Die Betonung liegt dabei auf dem Subjekt: Jeder, der bittet, empfängt. Das Gebet zu Gott ist weder besonders Frommen noch irgendwelchen anderen Gruppen vorbehalten: Das Gebet ist und gilt universal und ist an keine Bedingungen oder Vorleistungen gebunden.

Und so wie jede und jeder zu Gott beten kann, so wird auch Gott unser Gebet hören und erfüllen. Das geschieht natürlich nicht automatisiert: Gottes Antwort auf unser Gebet muss nicht so erfolgen, wie wir es erwarten. Aber dass Gott antwortet, ist dem Evangelisten Matthäus selbstverständlich.

Mit einem Beispiel aus dem Alltag (V. 9 u. 10) wird das unterstrichen: Ein Vater oder eine Mutter werden ihrem Kind, wenn es Hunger hat, das geben, was es braucht. Nur ein Rabenvater oder -mutter werden ihrem Kind nichts geben. Sorgende Eltern geben dem Kind wenigstens ein Stück Brot und das Lebensnotwendige. Und so ist es auch bei Gott: Er gibt uns, was wir brauchen und sorgt für uns.

Die Gebetstheologie ist im Duktus der Bergpredigt in die Zusammenhänge menschlicher Beziehungen und menschlichen Handelns eingebunden. »Der Gebetsglaube ist für Mt nicht Ersatz für eigenes menschliches Handeln, sondern gehört mit ihm zusammen.« (Mt-Komm. Von U. Luz, Seite 386).
Der Diakoniesonntag thematisiert diesen Zusammenhang. Diakonie ist schon lange nicht mehr nur ein Anliegen der Kirchen. Die Wartelisten in den Altenheimen sind lang, Pflegevereine und Diakoniestationen betreuen ein großes Klientel von hilfsbedürftigen Älteren. Diakonie und Pflege werden von den Kommunen angefordert und abgerufen. Die Kirche oder die ev. Gemeinde vor Ort sind dabei Anbieter unter anderen und stehen, besonders wenn es um die sog. Diakoniestationen geht, im Konkurrenzdruck. Die Leistungsbemessung von Pflege, ihre Bezahlbarkeit, die Qualitätssicherung der Arbeit wird allerorten – nicht zuletzt verursacht durch die Pflegeversicherung – und auch bei den kirchlichen Trägern diskutiert. Aber auch die Frage nach dem inhaltlichen Auftrag von Diakonie ist seit einigen Jahren neu in das Blickfeld der Verantwortlichen gekommen: Leitbilder sind wieder wichtig geworden und damit die Erinnerung an einen ureigentlichen Auftrag kirchlichen Handelns.
Die Aufgabe der Predigt am Diakoniesonntag ist es, den biblischen Text Mt 7 so zur Sprache zu bringen, so dass deutlich wird: diakonisches Handeln ist letztlich auf Gott gegründet.

Predigtidee

Das christliche Kreuz mit Längs- und Querbalken kann symbolisch interpretiert werden: Der Längsbalken steht für die Beziehung zu Gott, der Querbalken für die Beziehung zu unseren Mitmenschen. Beides gehört zusammen und bedingt einander.

Predigtthema

Der Predigttext spiegelt wider, was insbesondere den alten Mönchen zur Lebensregel wurde: bete und arbeite. Die Predigt wird betonen, dass diakonisches Handeln und die Beziehung zu Gott zusammengehören.

Vorschläge zur Liturgie

Eingangslied
So jemand spricht: Ich liebe Gott (EG 412)

Eingangspsalm: EG 749 (Ps 121)

Tagesgebet
Gott,
durch Jesus Christus wendest du dich
den Verirrten, den Verängstigten, den Verlorenen,
den Kranken und den Traurigen zu.
Du willst, dass allen geholfen wird
und dass sie Gutes sehen.
Gott, du bist auch für uns da.
Unsere Bitten werden von dir erhört,
denn du verheißt uns durch deinen Sohn:
Bittet, so wird euch gegeben;
suchet, so werdet ihr finden;
klopfet an, so wird euch aufgetan.

Lesung aus dem Alten Testament
Jes 58,6–12 Ein Fasten, das Gott gefällt

Lied des Tages
Brich dem Hungrigen dein Brot (EG 418)

Evangelium
Mt 25,31–46 Was ihr den Geringsten getan habt

Glaubensbekenntnis

Lied vor der Predigt
So jemand spricht: »Ich liebe Gott« (EG 412)
Lied nach der Predigt
Lass die Wurzel unsers Handelns Liebe sein (EG 417)

Kirchengebet

Gott,
wir danken dir für alles Gute in unserem Leben:
Wir danken dir
für die Menschen, die uns durch unser Leben begleiten.
Wir danken dir, dass wir alles haben,
was wir zum Leben brauchen.

Aber wir wissen auch, dass es Menschen gibt,
die nichts Gutes in ihrem Leben sehen können
und verzweifelt einen Ausweg suchen.
So bitten wir dich heute, am Diakoniesonntag,
ganz besonders

- für die Jugendlichen, die auch vor Straftaten nicht zurückschrecken, um aufzufallen.
- für die jungen Erwachsenen in ihren Ehen, dass sie wieder neu zusammenfinden.
- für die Seniorinnen und Senioren, dass sie in den Alten- und Pflegeheimen ein neues Zuhause finden
- für die Alkoholkranken, dass sie Menschen finden, die mit ihnen den schwierigen Weg des Entzugs gehen.
- für die jungen Mütter, die nicht wissen, ob sie ihr Kind bekommen sollen oder nicht,
  dass sie Unterstützung und Liebe finden.

Wir bitten dich aber auch, Gott,

- für alle Mitarbeiterinnen und Mitarbeiter, die ehren- oder hauptamtlich im diakonischen Bereich tätig sind:
- für die Beraterinnen und Berater, für die Pflegerinnen und Pfleger, auch für die, die organisatorische Verantwortung tragen,
- für alle, die sich dafür einsetzen, Menschen, die Hilfe brauchen, professionell geholfen wird.

Vater Unser

Lied

Lass deines guten Geistes Licht (389, 3–5)

Abkündigungen und Segen

Vorschlag zur Predigt

Diakonische Kirche

»Haben Sie so ein Telefon mit großen Tasten?«, fragt eine junge Frau im Telefonladen. »Mein Vater kann die Ziffern nicht mehr sehen. Und hören tut er auch schlecht. Da müsste es doch was geben.«

Die junge Frau hat Glück: Es gibt Telefone und viele andere Geräte, die besonders für Seniorinnen und Senioren entwickelt worden sind. Wenn die alltäglichen Arbeiten, die normalerweise für uns selbstverständlich sind, irgendwann nicht mehr so einfach von der Hand gehen, gibt es professionelle Angebote auf dem Markt.

Aber das Telefon, so wichtig es gerade im Alter ist, kann einem älteren Menschen weder beim Ankleiden noch bei vielen anderen wichtigen Dingen behilflich sein. Dafür braucht es, trotz allen technischen Erleichterungen, immer noch die Unterstützung von Menschen: Hilfen beim Aufstehen und bei der Morgentoilette, Hilfe beim Anziehen und Kämmen, Frühstück und Medikamenteneinnahme, die Begleitung zum Einkaufen oder beim Gang zum Arzt.

Gut, dass wir, die evangelischen Kirchengemeinden, dann angefragt und um Hilfe gebeten werden. Menschen, die Unterstützung bei der Betreuung etwa der Eltern oder Großeltern brauchen, fragen bei der Ortspfarrerin oder dem Ortspfarrer an. Auch Menschen, die oft – so erlebe ich es – viele Jahre von den kirchlichen Angeboten wenig Gebrauch machten, weder zu Gottesdiensten noch anderen Veranstaltungen kamen, erhoffen sich, wenn es um die Betreuung und Pflege von Hilfe suchenden und hilfsbdürftigen Verwandten geht, Hilfe. Offensichtlich gehören die evangelische und auch die katholische Kirche zu den öffentlichen Einrichtungen, von denen man soziale Hilfeleistungen gerne in Anspruch nimmt. Und zu Recht: Denn die diakonische Hilfe gehört zu den ureigensten Aufgaben kirchlicher Arbeit.

Weiterer Verlauf

1. Untereinander verbunden und mit Gott

Jesus Christus hat nicht nur die Rede auf dem Berge gehalten, er hat auch die Menschen, die hungerten, gesättigt; Jesus hat nicht nur in der Synagoge aus den Schriften gelesen, er hat auch die Kranken geheilt; Jesus hat nicht nur 40 Tage in der Wüste gebetet, er hat auch den von der damaligen Gesellschaft Verachteten praktisch geholfen. Beides gehört also zusammen: die Beziehung zu Gott und die Solidarität mit den Menschen. Das christliche Kreuz, das ja in fast allen unseren Gebäuden als Erinnerungszeichen hängt, versinnbildlicht den Tod Jesu, den er – in letzter Konsequenz seines Lebens – für uns gestorben ist. Das Kreuzeszeichen lässt sich auch symbolisch interpretieren: es besteht aus einem Längsbalken und einem Querbalken. Der vertikale Balken, der längere der beiden, weist nach oben und kann für die Verbindung zu Gott stehen, die nicht abreißt – auch nicht in Krankheit oder Verlassenheit. Der Querbalken kann die Verbindung in der Horizontalen, also zu den Menschen um uns herum, bedeuten. So, wie das Kreuz nur in der Kombination der beiden Balken existiert, so kann auch unser christliches Leben nur in dieser beider Beziehung existieren: in der Beziehung zu Gott und in der Beziehung zu unseren Mitmenschen.

2. Heute ist Diakoniesonntag

Heute ist Diakoniesonntag. An diesem Sonntag erinnern wir uns an die Bedeutung diakonischen Handelns, auch an die Kraft und das Engagement, das die Mitarbeiterinnen und Mitarbeiter der vielen diakonischen Einrichtungen in unserer Landeskirche einbringen, damit Menschen geholfen wird. Mitarbeiterinnen und Mitarbeiter in Behindertenheimen, in der Bahnhofsmission, in der Drogenberatung, in der Familien- und Alleinerziehendenhilfe, in der Schwangerenberatung, in der Flüchtlingshilfe, in der Seniorenarbeit oder der Pflege setzen sich ein, damit Not gelindert wird, damit Menschen konkret und sichtbar geholfen wird. Dass diese Arbeit nicht einfach ist, dass viel Geduld und Kraft und auch die Liebe zu den Betreuten zu den Grundvoraussetzungen der diakonischen Arbeit gehören, weiß jeder, der mit Mitarbeiterinnen oder Mitarbeitern der diakonischen Werke in Kontakt gewesen ist. Deswegen soll auch in diesem Gottesdienst der Dank für diese Mitarbeiterinnen und Mitarbeitern nicht zu kurz kommen. Denn sie tun, was unsere Aufgabe ist: zu helfen, wo Hilfe nötig ist, zu heilen, wo Heilung erwartet wird, zu trösten, wo Trost gebraucht wird.

3. Wir sind Kirche

»Wissen Sie«, so sagt mir ein Mitglied einer anderen nichtchristlichen Religionsgemeinschaft im Gespräch, »Sie, in den evangelischen Kirchen, Sie machen eine beispiellose und vorbildliche Sozialarbeit. Unsere Kinder gehen in Ihre Kindertagesstätten, in Ihre Krankenhäuser und unsere Alten in Ihre Altenheime. Aber wenn die Menschen Gott erfahren wollen, dann kommen sie zu uns.« Diese überhebliche und selbstgefällige Ansicht ist einseitig und unangemessen; und doch, etwas emotionsloser betrachtet, fordert sie zum Nachdenken auf. So wie der Längsbalken notwendig zum Querbalken des Kreuzes gehört, so notwendig ist auch bei allem diakonischen Handeln die Verbindung zu Gott. Diakonische Hilfe vertraut letztlich nicht nur auf medizinische Erfolge, auf neue Therapieformen oder Hilfskonzepte, sondern auf Gott, der an der Seite aller ist, die Hilfe brauchen und geben.

1998 wurde für den Breich der evangelischen Kirchen ein »Leitbild Diakonie« im Rahmen der EKD-Denkschrift »Herz und Mund und Tat und Leben« verabschiedet, das jetzt verbindlich gilt. Folgende Gedanken werden genannt:

»Wir orientieren unser Handeln an der Bibel. Wir achten die Würde des Menschen. Wir leisten Hilfe und verschaffen Gehör. Wir sind aus einer lebendigen Tradition innovativ. Wir sind eine Dienstgemeinschaft von Frauen und Männern im Haupt- und Ehrenamt. Wir sind dort, wo uns Menschen brauchen. Wir sind Kirche.« (Herz und Mund und Tat und Leben, Grundlagen, Aufgaben und Zukunftsperspektiven der Diakonie. Denkschrift der EKD 1998).

Wir sind Kirche – auch und besonders dann, wenn wir in vielfältiger Weise diakonisch tätig sind. Wir sind Kirche, und eben kein bloßer Pflegeverein oder Sozialverein; das heißt, unsere diakonische Arbeit geschieht immer im Namen und im Auftrag Gottes.

4. Diakonisch handeln im Namen und Auftrag Gottes

Natürlich darf dieser Hintergrund nicht im Sinne einer Vorbedingung für diakonische Hilfe verstanden werden, etwas dass nur Kirchenmitglieder betreut werden könnten. Der einzige Grund, warum wir Menschen helfen, ist, dass Menschen Hilfe brauchen. Ansonsten braucht es keine Voraussetzungen oder Vorleistungen.

Aber für uns Christinnen und Christen – die wir helfen – gibt es gewissermaßen eine denkerische, eine religiöse Voraussetzung: wir helfen, weil Gott will, dass allen Menschen geholfen wird. Gott ist auf der Seite all derer, die auf mitmenschliche Liebe angewiesen sind. Gott hört unse-

re Bitten: Er hört die Bitten derjeniger, die ohne Hoffnung leben. Er hört die verzweifelten Gebete der Kranken, die Gebete der an Leib und Seele Verletzten, der Alleingelassenen und der Sterbenden.
Das Gebet zu Gott verhallt nicht im leeren Luftraum, sondern – und da ist sich der Evangelist Matthäus sehr sicher – wird von ihm gehört: Bittet, so wird euch gegeben, suchet, so werdet ihr finden; klopfet an, so wird euch aufgetan. Gott wird Menschen, Mittel und Möglichkeiten finden, Leid zu lindern und Not zu vermindern. Denn der Vater im Himmel wird Gutes geben allen, die ihn darum bitten (V. 11) – so steht es im heutigen Predigttext.

Möglicher Schluss

Denn wer da bittet, der empfängt ...
Es fällt nicht leicht, dieser Verheißung Jesu zu glauben – angesichts der vielen globalen und individuellen Katastrophen in unserer Welt. Und auch in der Diakonie sehen die Mitarbeiterinnen und Mitarbeiter nicht nur Gutes: Drogenabhängige und Flüchtlinge, Pflegebedürftige, Obdachlose und Verzweifelte gehören zu den von ihnen Betreuten.
Aber möglichweise ist gerade die diakonische Mitarbeiterin oder der Mitarbeiter der letzte Ansprechpartner und der einzige Lichtblick in einer völlig verfahrenen Lebenssituation. Und vielleicht können beide, Hilfesuchender und Berater, ein gemeinsames Konzept der Hilfe entwickeln, das zwar nicht alles und auf einmal löst, aber doch erste Schritte hin zu einer vernünftigen Lebensperspektive einleitet. Oder es werden vielleicht Auswege für die spezifische persönliche Problematik gefunden, die der oder die Hilfesuchende selbst nicht erkennen konnte. Oder eine Pflege, eine Therapie oder eine Freizeit können angeboten und organisiert werden, damit der oder die Betroffene wieder neu Luft holen kann.
Gott verspricht mit seiner Verheißung nicht, dass alle persönlichen Probleme über Nacht verschwinden werden. Aber Gott verspricht, dass er es gut mit uns meint und dass er unser Gebet hört. In der konkreten Situation der diakonischen Betreuung auf Gott zu vertrauen, eröffnet deswegen eine grundlegend optimistische Sicht: Es gibt Hilfe, es wird sich alles zum Guten wenden, der Hoffnungslosigkeit wird nicht das letzte Wort zugestanden, die Resignation wird in ihre Schranken gewiesen. Für Gott gibt es keinen, der abgeschrieben oder aufgegeben ist, es gibt

niemanden, der allein gelassen sein soll, niemanden, der mit seinen Nöten vereinsamt und ohne Hilfe bleiben soll.
Jede diakonische Hilfeleistung ist mit dieser grundsätzlichen Absichtserklärung Gottes verbunden: Gott will, dass allen geholfen wird, die Hilfe brauchen. Gott wird allen, die ihn bitten, Gutes geben. Gott gibt Gutes durch uns, wenn wir sensibel sind für Menschen in unserer Gemeinde, die um Hilfe bitten. Gott gibt Gutes durch die vielen Mitarbeiterinnen und Mitarbeiter der Diakonie, die unterwegs sind, um zu beraten, zu betreuen oder zu pflegen. Wir und sie, die Pflegerinnen und Pfleger, die Mitarbeiterinnen und Mitarbeiterinnen, die Beraterinnen und Berater der diakonischen Einrichtungen sind die konkret zu sehende und erfahrbare Absichtserklärung Gottes.

Zur Gestaltung

An der Gestaltung des Gottesdienstes sollten Mitarbeiterinnen und Mitarbeiter in diakonischen Einrichtungen und Diakoniebeauftragte in der Kirchengemeinde oder im Dekanat, nach Möglichkeit auch Betroffene beteiligt sein. Eine diakonische Einrichtung kann sich und ihr Hilfs- oder Betreuungsangebot nach dem Gottesdienst vorstellen.

Tipp zum Text

Literatur:
Herz und Mund und Tat und Leben, Grundlagen, Aufgaben und Zukunftsperspektiven der Diakonie. Denkschrift der EKD 1998.

16. Sonntag nach Trinitatis
Der Brief an die Hebräerinnen und Hebräer 10,35-36 (37-38) 39

Jutta Konowalczyk-Schlüter

Exegetisch-homiletische Skizze

Der Brief an die Hebräerinnen und Hebräer, um 85 nach Christus von einem unbekannten Verfasser an eine Gemeinde in Rom geschrieben, ist eher ein theologisch-seelsorgerliches Traktat als ein Brief. Die Schrift selbst bezeichnet sich denn auch als »Mahnrede« (Hebr 13,22). Der Verfasser argumentiert mit der Autorität des Moses und des alttestamentlichen Kultus, was eine judenchristliche Adressatenschaft vermuten lässt. Hermann Strathmann, NTD 9/1,3. Auflage, Göttingen 1937, Seite 130: »Paulus hatte sich mit dem Pharisäismus auseinanderzusetzen, unser Verfasser hat ›wankende Knie‹ zu stärken.«

Die Gemeinde ist im Laufe der Zeit u. a. auch durch Verfolgungen müde geworden im christlichen Glauben und Leben. Die Menschen stehen in der Gefahr, ihren Glauben an Jesus Christus als den Offenbarer und Heilsbringer aufzugeben. Sie haben nicht nur Leiden zu tragen (Hebr 10,32 ff.), sie sind auch enttäuscht darüber, dass das erwartete endzeitliche Heil ausbleibt (Hebr 10,36 f.). Deshalb ermahnt der Verfasser zu beharrlicher Glaubenstreue und warnt zugleich vor den verderblichen Folgen des Abfalls (Hebr 10,19–12,29).

Der Verfasser kennt nur ein Ziel, nämlich mit stärkstem Nachdruck zum Festhalten am Bekenntnis zu Jesus aufzurufen. Dies tut er mit den Begriffen ὑπομονῆ (Geduld, Standhaftigkeit in der Anfechtung), παρρησία (Vertrauen, das gute Zutrauen zu Gott) und περιποίησιζ (Erhaltung, Bewahrung, Gewinnung). Die eigentliche Sünde ist die des Abfalls. Demgegenüber bedeutet πιστιζ die Annahme der Missionspredigt (Hebr 6,1), das Vertrauen (Hebr 10,22) und vor allem die Glaubenstreue (Hebr 10,22), die sich in der Hoffnung bewährt (Hebr 11). (vgl. R. Bultmann, Theologie des NT, 9. Auflage, Tübingen 1984, Seite 518 f.).

Dem alttestamentlichen Zitat liegt der Septuaginta-Text zugrunde; der Hauptteil stammt aus Habakuk 2,3. Die Septuaginta hat bereits den Ausdruck »der Kommende« auf den Messias bezogen. So nimmt ihn auch der Verfasser des Hebräerbriefes und kündigt damit die nahe bevorstehende Wiederkunft Christi an. Folglich gehört das Habakukzitat zur Perikope.

Der Hebräerbrief will die Gemeinde aus ihrer Glaubensmüdigkeit herausholen. Sie sollen nicht zurückweichen und ihren Glauben aufgeben, sondern Geduld bewahren und auf Christus, den versprochenen Retter warten, durch ihn erhalten sie Anteil am ewigen Leben. Gott selbst hat diese Forderungen erhoben, er ist der unbestechliche Richter, der den unbeirrt Glaubenden das Leben schenkt.

Der 16. Sonntag nach Trinitatis thematisiert anhand der Auferweckung des Lazarus die Macht Jesu über den Tod. Die Hoffnung auf Auferstehung, auf ein Weiterleben nach dem eigenen Tod verbindet die Gemeinde des Hebräerbriefes mit meiner Gottesdienstgemeinde: Die überwiegend älteren Gottesdienstbesucherinnen haben auf ihren Lebenswegen immer wieder Menschen an den Tod verloren. Sie haben gelernt, mit diesen Verlusten zu leben, nicht daran zu verzweifeln sondern – merkwürdigerweise – daraus Kraft und Gelassenheit für das eigene Leben und Sterben zu gewinnen.

Die »großen Worte« der Perikope (Vertrauen/Geduld/Wille Gottes/das Verheißene) sind keine leeren Schlagworte für diese alten Menschen, sondern Begriffe, die sie durch ihre eigenen Lebenserfahrungen füllen könnten. Und die sie weitergebracht haben, hin zu einem tiefen Glauben an Gott, ihren Retter. Eine »Mahnrede« muss man dieser Gemeinde gewiss nicht halten. Ich frage mich aber, ob man erst sehr alt werden muss, um zu einer derartigen Glaubensgewissheit zu kommen. Denn zugleich beobachte ich bei jüngeren Gemeindegliedern einen immer stärker werdenden Trend zu einer Art Patchwork-Glauben: Die Zugehörigkeit zur christlichen Gemeinde können sie scheinbar mühelos mit Esoterikworkshops, buddhistischem Lebensstil und dem Glauben an die leibliche Wiedergeburt als Tier verbinden.

Gemeinsam mit meiner Gottesdienstgemeinde stelle ich die Fragen: Was macht die Menschen so müde im christlichen Glauben und Leben? Sind Vertrauen, Geduld und der Wille Gottes heute noch etwas wert? Und streben wir nach dem Heil?

Predigtidee

Vertrauen, Geduld und Ruhe sind nicht unbedingt modern in unserer schnelllebigen Zeit. Ich möchte diese Begriffe im ganzen Gottesdienst durch Musik und meditative Texte spürbar werden lassen: »In der Ruhe liegt die Kraft.«

Predigtthema

Ermutigung zum geduldigen Vertrauen auf Gottes Verheißung.

Vorschläge zur Liturgie

Liedvorschläge
Wo ein Mensch Vertrauen gibt (EG 604)
Ich möchte Glauben haben, der über Zweifel siegt (EG 596)
Manchmal kennen wir Gottes Willen, manchmal kennen wir nichts (EG 594)
Fürchte dich nicht, gefangen in deiner Angst (EG 595)
Alle Lieder sind aus dem Regionalteil Niedersachsen/Bremen.

Anstelle des Wochenpsalms 104:
Betend
also gewohnt in den Wüsten zu wohnen
Durststrecken zu durchstehen
von jeher halten wir stand
wir haben den längeren Atem
wir haben die größere Hoffnung
Betend
also mit anderen Augen
sehen wir manchmal ein Zeichen
auf den Zusammenhang weisend
sehen vor Tage ein wenig schon
wie ein Licht das verheißene Land

Betend
also denkend das Undenkbare
folgen wir der Spur
halten Schritt mühsam
mit dem der vorangeht durch Wasser und Wüste
der möglich macht das Unmögliche
der Leben wirkt aus dem Tod. Amen

Lothar Zenetti, Ein Leben lang, Seite 181, aus: ders.: Auf Seiner Spur. Topos plus 327, © Matthias-Grünewald-Verlag, Mainz, 2. Aufl. 2001

Eingangsgebet

Gelobt sei der Herr, der uns das Licht gezeigt hat! Ehre sei Gott in der Höhe und Friede auf Erden und unter den Menschen Güte.
Wir loben dich, wir preisen dich, wir beten dich an, wir danken dir um Deiner großen Herrlichkeit willen. Herr, König des Himmels, Gott allmächtiger Vater, Herr, eingeborener Sohn, Jesus Christus und Heiliger Geist. Dreieiniger Gott, Lamm Gottes, Sohn des Vaters, der du trägst die Sünde der Welt, erbarme dich unser, der Du trägst die Sünde der Welt, nimm an unser Gebet, der Du sitzest zur Rechten des Vaters, erbarme dich unser. Denn du allein bist der Heilige, du allein der Herr, Jesus Christus, zur Ehre Gottes des Vaters. Amen!

Aus: Eva-Maria Bachmann, Machet herrlich sein Lob, Gebete aus der russisch-orthodoxen Kirche, Neukirchener Verlag, Neukirchen-Vluyn 1987, Seite 10

Fürbittengebet

Gott der Barmherzigkeit, wir danken dir, dass du uns dein Herz aufgetan hast. So weit, dass die ganze Welt darin Platz findet. Darum mach auch unsere Herzen weit, öffne unseren Blick für dein großes Ziel: Die Vollendung deines Werkes, dein Reich.
Wir rufen: Herr, erbarme dich!
Bei allem, was du tust, hast du gute Gründe. Darum lass uns deine Prüfungen annehmen, auch wenn wir sie nicht begreifen.
Wir rufen: Herr, erbarme dich!
Du hast die Weltmacht und kein anderer. Darum lass uns alles Vertrauen auf dich werfen und darin getrost werden.
Wir rufen: Herr, erbarme dich!
Du hast Geduld mit uns. Darum lass uns nicht aufgeben, wenn das Warten schwer wird. Hilf deinen Gemeinden dabei, Salz der Erde zu sein.

Wir rufen: Herr, erbarme dich!
Bei dir sind wir gut aufgehoben, du sorgst für uns wie ein guter Vater für seine Kinder sorgt. Darum nimm dich aller Glaubensmüden, aller Lebensmüden an und schenke ihnen liebevolle Geduld mit sich selbst.
Wir rufen: Herr erbarme dich!
Mach uns neu und so lass uns durch unsere Tage gehen, deinem Reich entgegen.

Vorschlag zur Predigt

Möglicher Anfang

Meine Freundin war übers Wochenende bei uns zu Besuch, liebe Gemeinde. Sie ist so alt wie ich, voll berufstätig, verheiratet, mit Haus, Garten und zwei Katzen, aber ohne Kinder. Wir sind nun zu fünft, und wenn Gäste kommen, finden die Kinder das immer besonders interessant.
Am Sonntagabend dann stand meine Freundin schon mit dem Koffer in der Hand im Regenmantel an der Gartenpforte und wollte gehen, als es aus ihr herausplatzte:
»Du brauchst einen ganzen Sack voll Geduld, von morgens bis abends! Nicht nur, dass es bei euch immer so laut ist. Immer wieder sagst du den Kindern dasselbe: Tür zumachen, Hausschuhe anziehen, Mütze aufsetzen, ausreden lassen, warten bis alle fertig sind mit Essen ... Im Moment hören sie auch auf dich, aber im nächsten Augenblick ist alles wieder vergessen. Mir wäre schon längst der Kragen geplatzt. Wie schaffst du das bloß, so ruhig zu bleiben?« Tja, was sollte ich sagen? Der Besuch war zu Ende, es regnete und für lange Erklärungen blieb keine Zeit mehr: »In der Ruhe liegt die Kraft!« rief ich ihr nach, und sie eilte kopfschüttelnd davon.
Mütter wissen genau, was ich damit sagen wollte: Oft reißt mir auch der Geduldsfaden. Aber was nützt es, das zu zeigen und dem Impuls zum Schimpfen nachzugeben? Die Erfahrungen mit den älteren Kindern haben mich gelehrt, dass ruhige und ständige Ermunterungen und Wiederholungen sich am Ende doch auszahlen. Natürlich weiß ich genau, wovon ich abends so müde bin. Und so manche Trotzphase stellt meine Langmut auf eine harte Probe. Aber auch diese Phasen gehören immer wieder zum Familienleben dazu. Ich kann sie leichter durchstehen,

wenn ich meinen Kindern etwas zutraue, nämlich zu fröhlichen, selbstbewussten und liebenswerten Menschen heranzuwachsen. Dieses Vertrauen ist der Resonanzboden, auf den alles fällt.

Hier würde ich einige Minuten lang Meditative Trance-Musik erklingen lassen, gespielt auf Gitarre und Rahmentrommel, oder – alternativ dazu – Entspannungsmusik von einer CD.

Zum weiteren Verlauf

Szenenwechsel, liebe Gemeinde. Vor ungefähr 1900 Jahren schrieb ein unbekannter Verfasser einen ermahnenden Brief an eine kleine Gemeinde in Rom. Es waren einfache Leute, denen dieses Schreiben vorgelesen wurde, Christinnen und Christen der dritten Generation. Schon die Großeltern hatten sich taufen lassen. Und die Familien trafen sich regelmäßig mal bei den einen, mal bei den anderen zu Hause, um miteinander das Abendmahl zu feiern. Die Großeltern erzählten den erwachsenen Kindern und heranwachsenden Enkeln gerne mit leuchtenden Augen, wie sie zum Glauben an Jesus Christus gekommen waren. Aber die wenigsten mochten diese alten Geschichten noch hören. Die Eltern hatten unter den Christenverfolgungen zu leiden. Ständig aufpassen müssen, was man wem sagt. Der staatlichen Willkür ausgesetzt. Immer auf der Flucht vor der Obrigkeit im eigenen Land. Das hält keiner lange aus. Die Männer und Frauen waren müde geworden. Ihr Glaube war zu teuer, er kostete eine ruhige Existenz. Und vielen kostete er sogar das Leben. Waisenkinder gab es schließlich überall. Sollten die eigenen dazugehören? Nein, auf gar keinen Fall. Da konnten die Alten noch so viel erzählen von Gottes großen Taten. Von einem »Tag des Herrn«, der bestimmt bald anbrechen würde. Die Eltern hatten jahrelang gehört, dass Gott bald wiederkommen würde. Und dass er dann die geltenden Ordnungen auf den Kopf stellen wollte. »Die Letzten sollten die Ersten sein«, so hatten sie es versprochen bekommen. Aber wenn wieder und wieder nichts passiert? Dann fragt man sich schließlich, ob es kein besseres, einfacheres Leben wäre, sich der herrschenden Religion anzupassen. Die Römer lebten schließlich gut damit, dass sie anderen Göttern hinterherliefen.

Und das Gemeindeleben war auch nicht mehr das, was es mal war. Das Feuer der ersten Zeit war verloschen. Mehr und mehr gab es Streit zwischen denen, die durchhalten wollten. Und denen, die genug hatten. Beide Gruppen wurden nun durch ein umfangreiches Schreiben ermahnt. Und zum Gemeindealltag ermutigt:

»Werft euer Vertrauen nicht weg, welches eine große Belohnung hat. Geduld aber habt ihr nötig, damit ihr den Willen Gottes tut und das Verheißene empfangt. Denn nur noch eine kleine Weile, so wird kommen, der da kommen soll, und wird nicht lange ausbleiben.
Mein Gerechter aber wird aus Glauben leben. Wenn er aber zurückweicht, hat meine Seele kein Gefallen an ihm. Wir aber sind nicht von denen, die zurückweichen und verdammt werden, sondern von denen, die glauben und die Seele erretten.«
Kurz und knapp, liebe Gemeinde: Gott nachzufolgen, unter den Bedingungen der Welt, so wie sie ist, braucht Geduld – damals wie heute!

Hier würde ich die Bedrückungen, Verfolgungen und die enttäuschte Parusieerwartung zur Zeit des Hebräerbriefes ausmalen, die Ermahnungen des Verfassers konkretisieren (Gehorsam unter den Bedingungen dieser Welt verlangt Geduld) und zum Schluss den Predigttext vorlesen.
Wieder erklingt wenige Minuten lang Meditationsmusik.

Möglicher Schluss

(könnte noch ausführlicher dargestellt werden)
Schauen wir zum Schluss auf unsere Gemeinde. Wir werden immer kleiner, von 18.000 auf knapp 10.000 Gemeindeglieder sind wir geschrumpft in den letzten zwanzig Jahren. Den anderen 68 Bremer Gemeinden geht es nicht besser als uns. Aber das ist kein Trost. Nach wie vor treten viele aus, die von unserer Kirche nichts mehr erwarten.
Warum schließen wir uns ihnen nicht an?
Wohl deshalb, weil wir – auch entgegen des Zeitgeistes – von Gott noch sehr viel erwarten. Und von seiner Gemeinde zumindestens ein wenig. Wir versammeln uns im Gottesdienst, weil wir hier den Trost bekommen, den wir nötig brauchen. Weil wir die »Ent-Schuldigung« suchen im Abendmahl. Oder weil wir eine Entscheidung zu treffen haben, bei der wir Unterstützung suchen. Vielleicht auch einfach nur, weil wir merken, dass etwas fehlt, wenn die neue Woche beginnt und man hat kein gutes Wort mitgenommen in den eigenen Alltag. Natürlich treffen wir uns hier auch, weil Gott es so will, dass sich die Gemeinde versammelt, also aus Gehorsam heraus. Und auch, weil wir andere Menschen treffen, die wir kennen, neben denen wir sitzen oder mit denen wir ein Stück Weg nach Hause gemeinsam gehen können. Das stellt unser Kommunikationsbedürfnis zufrieden.

»Wir aber sind nicht von denen, die zurückweichen und verdammt werden. Sondern von denen, die glauben und die Seele erretten.«
Das erwarten wir vor allem von Gott. Für uns und für unsere Lieben: Dass wir nicht im Tod bleiben. Sondern dass wir bei Gott geborgen sind nach unserem Sterben. Dass Gott uns auferweckt, so wie er es bei Jesus Christus getan hat. Dieser Glaube erwartete alles von Gott, nichts von Menschen. Es ist der Glaube daran, dass die Seelen errettet werden. Das sind keine modernen Ansichten in unserer rationalen, auf Wissenschaft und Profitmaximierung ausgerichteten Zeit.
Das, was wir wissenschaftlich nachweisen können, brauchen wir nicht zu glauben. Auch nicht das, was scheinbar den höchsten Profit erzielt. An der Christusentscheidung hängt das Heil. Glauben dürfen wir an das, was Gott selbst für uns getan hat: Er hat seinen Sohn Jesus Christus nicht im Tod gelassen, er hat ihn auferweckt zu einem neuen Leben. Gott hat das erfüllt, was er uns versprochen hat. Und wir werden – wenn unsere Zeit gekommen ist – denselben Weg gehen, den Jesus Christus uns vorausgegangen ist.
Mag sein, dass dieses Versprechen Gottes dem einen oder der anderen von uns zu wage ist. Inhaltlich unbestimmt, zeitlich unkonkret, eben unglaubwürdig.
Vor Gott sind 1000 Jahre wie ein Tag. Und Tag für Tag will er unseren Gehorsam. Auch dann, wenn wir unsere alltäglichen Bemühungen für vergeblich halten. Wenn wir einfach nur müde sind und unsere Knie zittern. Gott schenkt uns seine Geduld und sein Vertrauen. Damit traut er uns eine ganze Menge zu. Weil viel auf dem Spiel steht: Unser Leben!

Gestaltungsidee

Der Verkündigungsteil könnte von drei Frauen gemeinsam ausgearbeitet und gehalten werden: Die eine würde die Rolle der Hausfrau einnehmen, die andere die Rolle der Historikerin und die dritte die Rolle der (haupt- oder ehrenamtlichen) Gemeindemitarbeiterin. Die Rollen könnten auch szenisch dargestellt werden.
Meditative Trance-Musik mit orientalischen Einflüssen spielen in Gottesdiensten Phil Krüger (Gitarre, Vokal- und Obertongesang) und Windy

Jacob (Rahmentrommel), Postfach 210305, 28223 Bremen, Tel. 04 21 / 37 25 27

Kontexte

Lasset euch nicht durch mancherlei und fremde Lehren umtreiben, denn es ist ein köstlich Ding, dass das Herz fest werde, welches geschieht durch Gnade.

Hebräer 13,9

Glaube ist: Feststehen in dem, was man erhofft, Überzeugtsein von Dingen, die man nicht sieht.

Hebräer 11,1

Keiner kann Gott gefallen, der ihm nicht vertraut. Wer zu Gott kommen will, muss sich darauf verlassen, dass Gott lebt und die belohnt, die ihn suchen.

Hebräer 6

17. Sonntag nach Trinitatis
Der Brief an die Gemeinde in Ephesus 4,1-6

Theodor Bohlen

Exegetisch-homiletische Skizze

Mit der Perikope Eph 4,1–6 beginnt der zweite Teil des Epheserbriefes. Die Kapitel 1 bis 3 beinhalten die theologische Grundlegung des Briefes. Im Mittelpunkt steht ein groß angelegter Lobpreis Gottes: Gott hat uns erwählt und befreit, seine Kinder und Zeuginnen und Zeugen seiner Liebe zu sein. Glaube, neues Leben in Christus sind Geschenk der Gnade, sind Gottes Gabe. Gott hat uns in Christus geschaffen zu guten Werken (Kapitel 1,10). Er gibt Kraft, stark zu werden im Glauben und in der Liebe. Durch Christus ist die Liebe eingewurzelt in unseren Herzen (Kapitel 3,14 ff.).

In den Kapiteln 4 bis 6 folgen die sich aus der theologischen Grundlegung ergebenen Weisungen und Anweisungen für das neue Leben: Gott hat uns in Christus dazu geschaffen, wahrhaftig zu sein in der Liebe, den neuen Menschen anzuziehen in Gerechtigkeit und Heiligkeit (Kapitel 4,15.24).

Die Predigtperikope beginnt mit Ermahnungen. Das Wort ›ermahnen‹ ruft – so vermute ich – bei den Hörerinnen und Hörern zwiespältige Gefühle hervor. Ermahnungen klingen nach Zwang: Du musst! Du sollst!, klingen nach »Dienst nach Vorschrift«, nach gesetzlicher Religion. In der Predigt möchte ich deutlich machen, dass diese Ermahnungen gerade auf dem Hintergrund der ersten drei Kapitel des Epheserbriefes anders zu verstehen sind. Weil sie Gabe Gottes, Geschenk der Gnade sind, sind sie Einladungen zur Freiheit, zu der uns Christus berufen, zu der uns unser Glaube befreit hat. In diesem Sinn möchte ich die in Vers 2 genannten Beispiele »Demut, Sanftmut, Langmut (Geduld) interpretieren: Wir sind eingeladen, uns wird Mut gemacht, unsere eigenen Macht- und Geltungsansprüche zurückzunehmen und auch andere zu ihrem

Recht kommen zu lassen, zu dienen (Demut); wir werden ermutigt, mit schwierigen Menschen behutsam umzugehen (Sanftmut); uns wird Mut gemacht, andere nicht vorschnell zu verurteilen, sie zu verstehen, das Gespräch mit ihnen zu suchen (Langmut/Geduld). In diesem Sinn kann eine den anderen und einer die andere in Liebe ertragen und tragen (Vers 2 b).

Der zweite Teil der Perikope (Verse 3 bis 6) hat die »Einigkeit im Geist« zum Inhalt. Diese Aussage wird begründet und bestätigt durch die Worte »ein Leib, ein Geist, eine Hoffnung, ein Herr, ein Glaube, eine Taufe, ein Gott«.

Auch die Worte ›Einigkeit/Einheit‹ sind für viele Hörerinnen und Hörer widersprüchlich. Einheit wird leicht verstanden als Uniformität, die keinen Widerspruch, keine abweichende Meinung duldet, die Anderssein und Andersdenkende ausschließt, die den Reichtum und die Vielfalt der Gaben und Begabungen ablehnt. Nicht ohne Grund spricht der Verfasser des Epheserbriefes deshalb von der »Einigkeit im Geist«. Dieser Geist begegnet uns in der Person Jesu. Reden und Handeln Jesu finden gerade darin ihre Einheit, Einigkeit und Eindeutigkeit, dass sie die Angst vor dem Anderssein und den Andersdenkenden nehmen, dass sie Menschen ermutigen, das Anderssein der anderen als Reichtum und Gabe Gottes zu begreifen, dass sie befähigen, von einander zu lernen, einander zu ergänzen und »miteinander weiter zu gehen auf den einen Weg durch das eine Leben. Um versöhnte Verschiedenheit geht es dem einen Geist, der aus dem Vater kommt« (A. Schmitt in GottesdienstPraxis VI, 4, 1996, Seite 49).

Die Aussage von der Einigkeit im Geist wird ergänzt durch die Worte »durch das Band des Friedens«. ›Frieden‹ verstehe ich im Sinne des alttestamentlichen Schalom als »in heilender und helfender Gemeinschaft miteinander und füreinander leben«. Diese Aussage unterstreicht, dass die Einigkeit im Geist die Vielfalt und Unterschiedenheit und das Miteinander als Gaben und Ausdrucksweisen des Glaubens und des neuen Lebens in Christus nicht ausschließt, sondern geradezu bedingt.

Die Perikope endet mit dem Lobpreis des Gottes, »der da ist über allen und durch alle und in allen«. So möchte ich die Predigt mit einer Doxologie, einem Lobpreis unserer Zeit beschließen, der die Vielfalt und Unterschiedlichkeit der Wirkungen des Geistes Gottes beschreibt.

Predigtidee

Unser Glaube befreit und macht Mut, die Einheit im Geist als Vielfalt, Reichtum und Unterschiedenheit der Gaben und Begabungen zu begreifen und zu leben.

Predigtthema

Das Thema möchte ich mit der Überschrift des 4. Kapitels des Epheserbriefes in der Lutherübersetzung (revidierte Fassung von 1984) formulieren: Die Einheit im Geist und die Vielfalt der Gaben.

Vorschläge zur Liturgie

Eingangspsalm

Ps 25,1–11.14–15

Eingangsgebete

Gott des Lebens, Quelle und Kraft, in Bewegung willst du uns bringen – zu dir und zueinander.
In Bewegung willst du unsere Gedanken bringen, uns aufrichten und stark machen.
In Jesus Christus hast du deinen Himmel zu uns auf die Erde gebracht,
damit unsere Hoffnungen Flügel bekommen,
unser Mut wachse und unsere Liebe erstarke.
Unser Gott, Quelle und Kraft, lass uns aufwachen und aufbrechen.
Sei unter uns und hilf uns durch deinen lebenschaffenden Geist.

Jesus Christus, seit du auf die Erde kamst, kam ein neuer Geist in die Welt: Verfeindete Menschen können sich als Geschwister erkennen. Angst darf sich in Getrostheit wandeln. Ein verfehltes Leben wird wieder lohnend. Schuld kann verziehen und Fehler können zugegeben werden. Dein Heiliger Geist wirkt mitleidende Herzen, helfende Hände und zur rechten Zeit das rechte Wort. Diesen Geist brauchen wir alle. Um diesen Geist bitten wir. Amen

Burkhard Heim, Beten im Gottesdienst, Sonnenweg-Verlag, 1974, Seite 90

Fürbittengebet

Gott, wir danken dir für deinen Leben schaffenden Geist. Wir vertrauen darauf, dass er uns zu neuem Glauben und zu tätiger Liebe erweckt.
Lass deinen Geist wirksam werden in unserem Zusammenleben, in den Familien, an den Arbeitsplätzen, im Verhältnis der Generationen zueinander. Lass ihn wirksam werden, dass wir verständnisvoller miteinander umgehen und uns gegenseitig gelten lassen, wie wir sind.
Lass deinen Geist wirken, wo Menschen besondere Verantwortung tragen: in der Politik und in der Wirtschaft, in der Forschung und in der Erziehung.
Wir erbitten deinen Geist für alle Christinnen und Christen in allen Kirchen und Konfessionen. Schenke Bereitschaft zum gemeinsamen Gespräch und Mut zum gemeinsamen Handeln – gerade auch mit denen, die anders denken als wir.
Gott, deine Liebe hört nicht auf, wo deine Kirche aufhört. Deshalb bitten wir, dass dein Wille geschehe in aller Welt, in Frieden und Wahrhaftigkeit, in Menschlichkeit und Gerechtigkeit. Amen.

Burkhard Heim, Beten im Gottesdienst, Sonnenweg-Verlag,1974, Seite 90

Lieder

Nun singe Lob, du Christenheit, EG 265,1–5
Nun jauchzt dem Herren, alle Welt, EG 288,1–5
Strahlen brechen viele aus einem Licht, EG 268,1–7
Zieh ein zu deinen Toren, EG 137,1.5–8
Hevinu schalom, EG 433
Sonne der Gerechtigkeit, EG 262,1–7

Vorschlag zur Predigt

Möglicher Anfang

Auf die Frage, was christlicher Glaube sei, antwortete ein Junge: »Christlicher Glaube ist das, was man nicht darf.« Als er nach dem Grund dieser merkwürdigen Antwort gefragt wurde, redete er von den Geboten. »Da heißt es doch immer: Du sollst nicht! oder du sollst! Du sollst Vater und Mutter ehren! Du sollst deinen Nächsten lieben wie dich selbst!«

Vermutlich denken viele Menschen so. Fragt man sie, was es bedeutet, Christ zu sein, so reden sie fast immer nur davon, was der Mensch zu tun hat: Du musst, du sollst! Das wird von dir erwartet! Dazu bist du verpflichtet!« Mich wundert es nicht, wenn jemand sagt: »Ich habe genug Zwänge. Von mir wird genug verlangt – im Beruf, in der Familie, in der Gesellschaft, in der Schule und anderswo. Andauernd fordert jemand etwas von mir!« Ich kann gut verstehen, wenn jemand sagt: »Ein Glaube, der nur aus Anweisungen, Forderungen und Zwängen besteht, gibt mir nichts. Ein Glaube, der nur gebietet, ist keine frohe Botschaft, die mich aufatmen lässt, die mich herausführt aus den Zwängen. Immer wieder Ermahnungen, Forderungen? Nein, das geht über meine Kräfte!«
Aber nun haben wir die Worte des Epheserbriefes gründlich missverstanden. Wir haben sie isoliert betrachtet und aus dem Zusammenhang gelöst.

Zum weiteren Verlauf

Den Ermahnungen, Forderungen ist etwas Entscheidendes vorausgegangen. Der Verfasser des Epheserbriefes würde heute vielleicht so zu uns reden: »Die Ermahnungen gelten nur, weil ihr Jesus Christus kennen gelernt habt, weil er euch seine Nähe, die Kraft seines Leben schaffenden Geistes zugesprochen hat. Da ist jemand zu euch gekommen, der hat einen neuen Geist in diese Welt und in unser Leben gebracht. Und dieser Geist befreit von allen Zwängen, aller Enge und Ichbezogenheit. Dieser Geist macht lebendig, er steckt an, er setzt mich in Bewegung, inspiriert zu helfenden und heilenden Worten und Taten. Ich werde gebraucht, kann dem Geist mit meinen Worten und Taten zur Hand gehen.«
Diesen Gedanken möchte ich im Folgenden konkretisieren an den drei Aussagen ›Demut, Sanftmut, Langmut (Geduld)‹. Sie bedeuten für mich: Unser Glaube macht frei, macht Mut, auf eigene Macht- und Geltungsansprüche zu verzichten, sich selbst zurückzunehmen und andere zu ihrem Recht kommen zu lassen; nicht zu herrschen, sondern zu dienen; mit dem Herzen zu sehen; sich die Augen, Ohren und Hände, das Herz und den Verstand öffnen zu lassen für die anderen. Unser Glaube bewahrt einerseits vor Frustration und Resignation und andererseits vor Aggression, befreit und macht Mut, sich anderen zuzuwenden, zu verstehen, das Gespräch zu suchen und mit den anderen gemeinsam nach

neuen Möglichkeiten zu suchen, sich einzumischen und für andere einzutreten. Mögliche Konkretionen: In der ›Dekade gegen Gewalt‹ die Frage des Umgang mit Gewalt und Gewalttätern, besonders Gewalt gegen Kinder; die Frage des Umgangs mit Ausländern und Fremden dort, wo sie weiter aktuell ist. Predigerin und Prediger werden andere Konkretionen in ihren Gemeinden oder in ihren gesellschaftlichen Umfeld entdecken.

In der Predigtperikope ist die Einladung zur ›Einigkeit im Geist‹ von besonderem Gewicht. Ich möchte im weiteren Verlauf der Predigt ausführen, dass Einigkeit/Einheit im biblischen Sinn und aus christlicher Sicht nicht Uniformismus bedeuten. Negatives und Leben zerstörendes Beispiel mag hier die Parole im Dritten Reich sein: »Ein Volk, ein Reich, ein Führer«. Auf der anderen Seite bedeutet Einheit auch nicht oberflächliche Gleichmacherei: »Wir haben ja alle den einen Gott!«.

Einigkeit/Einheit im Geist weist auf den Geist Jesu Christi hin. Ich höre seine Worte: »Ich mag sie, die Menschen in all ihrer Verschiedenheit, mit ihren unterschiedlichen Gaben und Begabungen. Ich möchte, dass sie leben, miteinander, füreinander, sich gemeinsam freuen, Lasten miteinander tragen, Verantwortung füreinander übernehmen, unterschiedliche Meinungen respektieren.« Und ich höre ihn weiter reden, freundlich, nicht verurteilend, aber doch deutlich: »Warum lebt ihr nicht so? Warum glaubt ihr nicht so? Warum erlebt ihr das Anderssein der anderen immer wieder als Bedrohung? Warum betont ihr immer wieder die Unterschiede und sagt: Ich habe Recht und die anderen Unrecht! Ich habe die Wahrheit, und die anderen sind im Irrtum? Warum wollt ihr immer wieder euren eigenen Turm bauen – möglichst bis in den Himmel? Das macht Angst, das grenzt voneinander ab, das grenzt aus. Das führt zu Misstrauen und zu Überheblichkeit! Warum freut ihr euch nicht über die vielen unterschiedlichen Weisen auf der Welt zu beten, zu singen, zu denken und Gott zu preisen? Ich liebe diese Welt, und ich brauche euch! Nur Mut! Macht euch mit dem Fremden vertraut, damit aus Fremden Freunde werden!«

Konkretisieren lässt sich dieses Verständnis der Einigkeit im Geist z. B. durch Erfahrungen eines lebendigen Gottesdienst- und Gemeindeverständnisses in Gemeinden der weltweiten Ökumene (siehe ›Kontexte‹). Dies legt sich in Gemeinden mit Partnerschafts- und Ökumeneerfahrungen nahe. Eine andere Möglichkeit der Konkretion bieten die evangelisch – römisch-katholischen Beziehungen. Einigkeit im Geist kann hier bedeuten, sich nicht durch offizielle Verlautbarungen des römischen Lehrstuhls irremachen zu lassen, sondern miteinander vor Ort in unterschiedlichen Formen und dennoch gemeinsam Kirche zu sein und zu gestalten.

Möglicher Schluss

Gott sei Dank, liebe Gemeinde, das Leben der Christinnen und Christen ist nicht von Zwängen und Forderungen erfüllt, sondern vielmehr von der Zuversicht und der Freude, diese Welt und das Zusammenleben der Menschen als Botinnen und Boten und als Freundinnen und Freunde Gottes im Geiste Jesu mitzugestalten. Er, unser Gott, ist über »allen und durch alle und in allen« – so schließt unser Predigtabschnitt. Er ist ein Liebhaber des Lebens und aller Menschen mit ihren unterschiedlichen Glaubens- und Lebensweisen. So beschreibt Lothar Zenetti diesen seinen und unseren Gott:

»Ich glaube an Gott, und ich glaube, dass er ein Künstler ist, ein Erfinder:
Unbegrenzt sind seine Ideen.
Alles ist neu, was er macht, und aus erster Hand.
Schön ist es, vielgestaltig und aller Bewunderung würdig.
Die Ordnung der Sterne ist sein Plan.
Wolken und Morgenröte denkt er sich aus.
Jeder Zweig, jedes Blatt ist seine Erfindung,
ebenso formt er Fische und Schmetterlinge.
Er gleicht nicht den Bildern, die wir uns zurechtdenken, unseren Begriffen und Definitionen.
Er hätte sonst niemals so eine Welt voller Wunder erschaffen
und kaum mehr als eine Sorte von Menschen.
Nie gäbe es dieses seltsame Durcheinander
von Dichtern, Schönheitsköniginnen, Kellnern und Kirchenvätern,
Rockfans und Radfahrern, dazu noch die Großmütter und Musikanten.
Etwas von allem muss in ihm sein.
Er ist ein Hirte, ein Liebhaber,
Mutter und Vater, ein Kinderspiel.
Geheimnis lautet sein Name und immer: der Andere.
Er wohnt in der Wolke, im Wort, in der Stille.
Er sät seine Hoffnung unter die Armen.

Im Herzen der Liebenden ist er, inmitten der Welt.
Gepriesen sei sein herrlicher Name.

Kontexte

»Es ist Gottesdienstzeit in einer kleinen Gemeinde in einer unserer überseeischen Partnerkirchen. Um 10 Uhr erscheint der Bischof und bringt Mitarbeiterinnen, Mitarbeiter und Gäste mit seinem alten Pritschenwagen hinauf in eines der Elendsviertel der Stadt. In einer Holzbaracke ist munteres Kommen und Gehen, Kinder rennen umher, mehrere hundert Menschen begrüßen sich herzlich. Es ist ein bewegender Gottesdienst. Die Jugendgruppe führt ein Spiel vor, der Laienprediger berichtet von seiner Evangelisation in den Bergen, die Mütterorganisation bittet um Unterstützung. Es wird gesungen, getanzt, getrauert, gelacht, das Evangelium gelesen und gepredigt. Der Gottesdienst ist ein Lebensmittel für die Menschen. Sie sprechen ihre Sorgen und Nöte aus, bitten Gott um Hilfe, jubeln ihren Dank Jesus Christus entgegen, erfahren Ermutigung in dieser Gemeinschaft, den Alltag neu zu bewältigen. Und sie essen gemeinsam: heiße Kartoffeln, die Frauen in ihren Schürzen bringen, eine scharfe Soße, in die sie getunkt werden. Dann gehen die Menschen zurück in ihre Elendsviertel. ›Selten habe ich mich nach einem Gottesdienst so gestärkt gefühlt‹, sagt eine von den Gästen. Gut, dass es sie gibt, die Freundinnen und Freunde Jesu in aller Welt, die vielen unterschiedlichen Weisen, zu singen, zu beten, Gott zu preisen.

Zeitungsbericht, Quelle nicht bekannt

der heilige geist lässt sich nicht
einsperren
in katholische käfige
nicht in evangelische käfige
der heilige geist ist auch
kein papagei
der nachplappert
was ihm vorgekaut wird
auch keine dogmatische walze
die alles platt walzt
der heilige geist
ist spontan
er ist bunt
sehr bunt
und er duldet keine uniformen
er liebt die phantasie
er liebt das unberechenbare
er ist selbst unberechenbar

Aus: Wilhelm Willms, roter faden glück. lichtblicke, © 1974 Verlag Butzon & Bercker, Kevelaer, 5. Auflage 1988, 3.2 (Ausschnitt).

18. Sonntag nach Trinitatis
Der Brief an die Gemeinde in Ephesus 5,15-21

Ute Schäfer-Breitschuh

Exegetisch-homiletische Skizze

Die vorliegende Perikope beschäftigt sich mit dem Lebenswandel der Christen in der Gemeinde der Getauften. Die Betrachtung erfolgt aus der Perspektive der bereits geschehenen Erlösung. Also nicht um den Lebenswandel im Sinne eines gewendeten Lebensstils geht es, sondern um das neue gewandelte Leben unter dem Segen Gottes und Jesu Christi. Dieses gewandelte Leben unterscheidet sich von dem, was vorher war. Diese Unterscheidung gilt es nun Gestalt annehmen zu lassen.
Wie dies sinnvoll gelingen kann, darum geht es in dem paränetischen mittleren Teil des Epheserbriefes. Der Text bleibt unpersönlich, der Autor teilt nichts von sich selbst mit, noch lässt er erkennen, welche konkrete Gemeindesituation er im Blick hat. Kommentatoren vermuten ›es handle sich um eine ekklesiologische Abhandlung oder aber um einen Rundbrief‹. Diese und andere Besonderheiten legen die Vermutung nahe, dass es sich bei dem Autor des Eph nicht um den Apostel Pls handelt.
Auch wer die Angeredeten sind, bleibt ungewiss. Wir können nicht davon ausgehen, dass es sich wirklich um die Gemeinde in Ephesus gehandelt hat, da der Name in Eph 1,1 in wichtigen Handschriften fehlt und wohl später nachgetragen wurde. Die Angesprochenen scheinen Heidenchristen gewesen zu sein.
Immerhin legt sich mir bei der Nennung des Namens dieser antiken Großstadt die Assoziation nahe, dass die Angesprochenen Städter gewesen sein könnten, deren Leben sich ähnlich dem unseren in Betriebsamkeit, Zerstreuungen, Überlebens- und Machtkämpfen vollzog.
Es geht in dem zu behandelnden Textabschnitt um ein sinnvolles Leben, das nicht ausgefüllt ist mit der Gier nach Geld und »Events«, sondern das als geistreich im Sinne des Ausgefülltseins vom Geist Gottes erfahren werden kann. In jedem Fall werden die Angesprochenen ermahnt

zur bewussten Lebensgestaltung (V. 15). Nicht als Unweise, sondern als Weise gilt es zu leben und seine Beziehungen zu gestalten.
Die Voraussetzungen für ein solches Leben schätzt der Schreiber nicht gerade günstig ein. Im Gegenteil lässt er mit V. 16 keinen Zweifel darüber aufkommen, dass es um eine Bewährungsprobe in böser Zeit gehe. Was das Böse im Einzelnen ist, das setzt er entweder als bekannt voraus oder es bleibt der Einschätzung jedes Einzelnen überlassen.
Meine Vermutung ist, dass seine Grundhaltung eher rigide ist, was ich V. 18 entnehme. Dass auch Jesus ein Fresser und Weinsäufer genannt wurde, scheint ihm dabei nicht in den Sinn gekommen zu sein.
Verständig sollen sie sein, die Männer und Frauen Christenmenschen! Das ist ein hoher Anspruch an die Vernunft. Verständnis für den Willen Gottes im Sinne des »Es ist dir gesagt, Mensch, was gut ist« aus Mi 6,8? Oder aber geht es weniger um das Halten der Gebote als vielmehr um Identitätsbildung als Christ? Ich neige zu Letzterem, denn der Kirchenbegriff des Eph legt dies nahe.
Ähnlich wie bei Paulus ist auch im Eph die Kirche als Leib Christi vorgestellt. Dieser wird nicht durch die Gemeinde konstituiert, sondern ist schon da. Die Gemeinde und die Einzelnen in ihr entwickeln sich zu dem hin, zu dem sie schon erlöst sind. (Zum Kirchenbegriff des Eph: A. Lindemann, a.a.O., Seite 124). Wie sich ein solches Wachstum der Person vollziehen könnte, das entfaltet der Briefschreiber in V. 18 ganz konkret: Nicht mit Wein (oder Geld, Ehrgeiz, Macht, Reichtum) sollen sie sich abfüllen, sondern vom Geist erfüllt wird das Leben sinnvoll. Heute würden wir vielleicht sagen, Spiritualität sei gefragt. Spiritualität im Psalmodieren und Lieder singen scheint eine Möglichkeit der unmittelbaren Gottesbegegnung für ihn darzustellen. Diese Sehnsucht teilen viele Menschen unserer Tage mit ihm. Haben wir vor einigen Jahren dezidiert Gott inmitten der Welt und in der Einmischung in die gesellschaftlichen Vollzüge gesucht, so scheinen inzwischen wie beim Eph Gott und die Welt als unterschiedliche Sphären gesehen zu werden. Hier allerdings bleiben sie verbunden durch den kosmischen Christus.
Mit Eph 5,21 beginnt die Haustafel (5,21–6,9). Diese sog. Haustafel, wie sie fast gleich im Kol zu finden ist, bildet einen eigenständigen und zusammenhängenden Block innerhalb des paränetischen Mittelteils des Eph (4,17–6,20).Da V. 21 als einzige Stelle im Text die Beziehung der Christen untereinander anspricht, möchte ich ihn dennoch in der Peri-

kope behalten. Dagegen spricht, dass V. 21 mit V. 22 für viele Menschen, vor allem Frauen, die gesammelten Ressentiments in Bezug auf die Kirche zusammenfasst. Einige innere Widerstände lasse ich beiseite.
Widerstände sind im Zusammenhang mit meiner Predigtarbeit ein wichtiges Thema geworden. Sie gelten sowohl der Anonymität des Schreibers, der sich hinter seiner Rede oder seinem Brief versteckt als auch der Art und Weise, wie er zwischen der bösen Welt und dem moralisch korrekten Lebenswandel unterscheidet. Aus welcher Position heraus spricht er? Beantwortet er vielleicht Fragen, die gar niemand gestellt hat? Will er belehren oder zurechtweisen? Wer sind seine möglichen Adressaten und in welcher Lebenssituation treffen wir die Gemeinde an? Was könnte das Befreiende an einer Predigt über diesen Text sein?
Der Eph geht davon aus, dass die christliche Gemeinde schon im Licht der Erlösung lebt und gleichzeitig sich zu dem entwickeln muss, was sie schon ist. Kein Mensch kann dies aus eigener Kraft und auf Grund christlicher correctnes, sondern Gott hat uns durch Jesus Christus in der Taufe dazu befreit (Eph 4,1–8). So ist die Bewegung eine zweiseitige, und die Gottesbeziehung bereits begründet.
Als Predigthörer/-innen erwarte ich eine kleine, wechselnde Gemeinde aus Krankenhausbediensteten, Kranken, Angehörigen, ein paar Ehrenamtlichen. Wie sie ihr Leben gestalten sollen, ist weniger unter normativem Aspekt eine Frage wert, als vielmehr im Hinblick auf die begrenzte Zeit, die Tiefe der Erfahrung und den Sinn eines Lebens, das oft scheinbar nur noch durch medizinische Maßnahmen bestimmt ist.
Wie kann ich angesichts der Krankheit, die Leben bedroht, meine Identität wahren oder gar finden? Welches ist der Sinn eines Lebens von einer Chemotherapie zur nächsten? Wie habe ich bisher gelebt, und worin habe ich meine Erfüllung gefunden? Was hat Gott mit mir vor, gibt es ihn überhaupt in meinem Leben und wie kann ich die Erfahrung seiner Nähe machen?

Predigtidee

Die Widerstände beim Thema Lebenswandel verlangen ernst genommen zu werden. Was verbirgt sich dahinter? Sehnsucht nach Erfüllung und Heilsein.

Predigtthema

Sinnvolle Lebensgestaltung

Vorschläge zur Liturgie

Lieder

EG 494 Im Gottes Namen fang ich an; EG 397 Herzlich lieb hab ich dich, o Herr; EG 497 Ich weiß, dass all mein Tun und Werk in deinem Willen ruhn; EG 295 Wohl denen, die da wandeln; EG 324 Ich singe dir mit Herz und Mund

Lesungen

Evangelium: Mt 4,1–11 Die Versuchung Jesu

Praefamen: In dieser unübersichtlich gewordenen Welt wissen wir nicht, wie wir leben sollen. Vieles machen wir einfach mit, ohne eine Entscheidung zu treffen. Diese Gefahr teilen wir mit vielen Menschen vor uns. Von Jesus wird eine andere Geschichte erzählt, eine, die von einer grundsätzlichen Lebensentscheidung handelt.

Epistel: Röm 14,17–19 Auch im Brief des Apostels Paulus an die Römer geht es um das, was Christen zum erfüllten Leben brauchen.

Gebete zum Beginn

Gott, gib uns Mut, dich zu suchen
Gott, gib uns Weisheit, dich zu erkennen
Gott, gib uns Augen, dich zu schauen
Gott, gib uns Leben, dich zu bezeugen
Gott, gib uns ein Herz, unsere Nächsten zu lieben und dich zu loben.
Dazu segne diesen Gottesdienst

In Anlehnung an Evangelisches Gottesdienstbuch, S. 573

Fürbitten

Gott, wir danken für dein Wort, das uns untereinander im Nachdenken über uns und unser Leben in der Welt verbindet.

So bitten wir für die Welt, in der wir leben und in der viel Not und Unfrieden herrscht:

Breite deinen Geist des Friedens in ihr aus, schenke Familien und Freundschaften den Mut zu Offenheit und Wahrhaftigkeit im Umgang miteinander. Stärke die Traurigen, die Ängstlichen richte auf, die Sorgenvollen und Kranken lass deine heilsame Gegenwart spüren.

Gott, wir danken für diesen Gottesdienst. Hier können wir dir gemeinsam für gelungenes Leben danken und dich loben.
Wir bitten dich für alle Brüder und Schwestern, die sich als deine Gemeinde auf der ganzen Welt versammeln. Schenke ihnen Frieden und Achtung untereinander. Verbinde sie durch deinen Geist und lass sie ihre Unterschiedlichkeit als Ausdruck deiner Fülle begreifen.

Gott, wir danken dir, dass du uns liebst und uns auch dann annimmst, wenn wir versagen.
Wir bitten dich, begleite uns auch weiter, wenn wir hinaus in unseren Alltag gehen. Beschütze uns, wo wir unaufmerksam sind, gib uns Weisheit für Entscheidungen,Gelassenheit bei dem, was uns überfordert und die Hoffnung, dass du heilst was verletzt ist und suchst, was verloren ist. Dir sei Lob und Preis heute und an allen Tagen, die vor uns liegen.

Vorschlag zur Predigt

Möglicher Anfang

Wie kann ich ein Gott gefälliges Leben führen? Das war für die Menschen lange eine wichtige Frage. Heute ist das anders. Da wird weniger danach gefragt, was Gott wohl von dieser oder jener meiner Taten oder von meinen Gedanken hält, als danach, wie ich mich fühle, ob die anderen mich mögen, ob ich Arbeit und Geld habe, ob die Kinder wohlgeraten d. h. von mir gut erzogen sind. Vieles, was früher von Gott erbeten werden musste, das können Menschen heute selber. Sogar Schwangerschaften initiieren oder Herzen transplantieren. Ja, auch Gesundheit ist mittlerweile in gewissem Umfang käuflich geworden. Und wer wollte das durchweg verteufeln? Ganz zu schweigen von dem Glas Wein hie und da mit gutem Essen dazu, mit netten Freunden in einem feinen Restaurant.
Geht der Briefschreiber nicht ein bisschen arg streng mit uns und dem, was wir Lebensqualität nennen, um? Vielleicht geht es Ihnen wie mir beim Hören des Predigttextes: Mir fallen lauter Einwände ein. Ich möch-

te mich wehren, mein Leben verteidigen und auf andere zeigen, die sich wirklich betrinken, koksen und kiffen, die rauschhaft an der Börse spekulieren. Für die Zeit immer nur im Zusammenhang mit Geld oder Arbeit eine Rolle spielt. Aber ich weiß auch: Immer, wenn eine/r von sich weg auf andere zeigt, wehrt er/sie etwas ab, hat er Widerstände auf ein bestimmtes Thema angesprochen zu werden. Kann sein, weil es ihr/ihm zu nahe geht, kann sein, dass er/sie die damit verbundenen Gefühle nicht erleben, sich einfach nicht damit auseinandersetzen möchte.

Und es stimmt! Ich reagiere einigermaßen ärgerlich auf Anweisungen zur Lebensführung. Verhaltensmaßregeln, die irgendwo herkommen und irgendwen meinen, die erregen in mir den Verdacht, dass sie mehr dazu dienen, die Schafe zusammenzuhüten, als das zufriedene Leben zu fördern. Nicht zuletzt verbinden die Skeptiker genau das mit der Kirche; dass sie Menschen moralisch gängeln möchte, statt sie zu evangelischer Freiheit zu ermutigen.

Und dann komme ich hier ins Krankenhaus und treffe Menschen, die manchmal von heute auf Morgen mit der Tatsache der Endlichkeit ihres Lebens konfrontiert sind. Da sind alle Gedanken an Lifestyle buchstäblich mit einem Schlag weggefegt. Und nach einer Zeit der Auseinandersetzung mit Gott, ja wirklich auch mit ihm, kommen die Fragen nach dem Leben, seinem bisherigen und zukünftigen Sinn auf. Womit habe ich bisher meine Zeit verbracht? Was hat mich ausgefüllt? Was ist aus meinen Träumen geworden, die ich einmal hatte? Worunter leide ich an Leib und Seele? Hätte ich etwas ändern können?

Viele Fragen, auf die es nur persönliche Antworten gibt, Patentrezepte zur gesunden und bewussten Lebensführung gibt es viele. Manche ziehen sie wohlfeil aus der Tasche und lassen teuer bezahlen.

Auch Spiritualität wird da als Heilmittel nicht ausgelassen. »Wer hier nicht beten lernt, dem ist auch von Gott nicht zu helfen«, sagte neulich eine junge Frau zu mir. Sie erzählte, dass sie sich mit Joga entspanne und in einem Tai-Chi-Kurs ihr aggressives Potential achten lerne. Auch da merke ich, dass sich Widerstand in mir regt. Frömmigkeit, gekauft und angewendet wie eine Tablette?

Allmählich beginnt der Predigttext mich zu faszinieren. Ich versuche hinter meine Widerstände zu kommen, denn ich vermute, dass sie etwas mit Angst zu tun haben. Und wo Angst ist, da ist auch eine Sehnsucht nach Erlösung.

Zum weiteren Verlauf

Hier möchte ich das Wechselspiel zwischen Sehnsucht nach Erfahrung und der Angst, etwas zu verpassen beschreiben. Ich halte mich noch bei V. 19 auf. Ich möchte deutlich machen, dass »angewandte Spiritualität« vielleicht gelegentlich der Effektivitätssteigerung dient, aber nicht das bewirkt, was der Autor des Eph unter geisterfülltem Leben versteht. Dieses bleibt unverfügbar und bleibt Gottes gute Gabe.

Dann erzähle ich von einer Begegnung mit einer Frau, die mich nötigte, zwei Monate lang täglich einen Psalm für sie vorzulesen. Beide haben wir schon morgens gesucht, bis wir den jeweils passenden gefunden hatten.

Es geht um Erfahrungen mit Frömmigkeit, die zum Leben hilft.

Möglicher Schluss

Wenn Religion heißt, sich zurückbinden an den Ursprung, dann erlebe ich eine Art Solidarität mit den Schwestern und Brüdern im Glauben, die mich über die biblischen Geschichten an ihren Erfahrungen teilhaben lassen. »Was ist der Mensch, dass du seiner gedenkst und des Menschen Kind, dass du dich seiner annimmst?« Dieses Psalmwort geht mir durch den Kopf, und ich empfinde Dankbarkeit und Geborgenheit Gott gegenüber, der mich mit ihnen in Beziehung setzt.

Bleiben noch Weisheit und Verständnis. Hier wird weniger Gefühl als vielmehr unsere Wahrnehmung angesprochen. Ob das, was der Absender des Briefes den Christen empfiehlt vielleicht gar nicht so abwegig ist? Vielleicht geht es ihm gar nicht um den Genuss, sondern um die unverstellte Wahrnehmung bei seiner Warnung vor dem Rausch, der uns unempfindlich und verführbar macht. Benebelt von was auch immer, gehen wir denen auf den Leim, die uns um das Leben in seiner ganzen Höhe und Tiefe betrügen. Den Oberflächlichen eben. Immer wieder einen Schritt zurücktreten, Einkehr halten, das schärft den Blick für Gottes Willen und seine gute Gabe, für das, was lebensnotwendig ist. Wem Jesus Christus die Augen geöffnet hat, der sieht mit den Augen derer, die bei dem vermeintlichen Fortschritt auf der Strecke zu bleiben drohen, die hört die Schreie derer, die ohne Stimme sind bei der Verteilung der Welt.

Ein jeglicher könnte dem andern so mit seinen Augen, mit seinen Ohren, seinen Händen und vor allem mit seiner Achtsamkeit dienen. Dies haben Menschen in der Begegnung mit Jesus Christus erfahren. Und sie wurden heil und lebendig.

Kontext

Ohne dich, Gott
Fallen alle Geschichten fort
Die Worte von wunderbarer Errettung
Von der Heilung des Blinden und des Lahmen
Vom barmherzigen Samariter
Vom Gehen auf dem Meer

Geschichten, die uns wohltun, Herr
In denen wir dich finden
ohne definieren zu müssen
wer du bist
ohne Philosophie
und Latein

Aus: Sigrid Lichtenberger, Als sei mein Zweifel ein Weg. Vandenhoeck & Ruprecht, Göttingen 1995, Seite 65

Erntedankfest
Der Brief an die Hebräerinnen und Hebräer 13,15–16

Hans Hermann Blettgen

Theologisch-homiletische Skizze

1. Allgemein: Die Verse 15 und 16 heben sich durch ihren inneren Zusammenhang vom Kontext ab. Die Klammer, die beide Verse umgreift, ist das »Lobopfer« bzw. »Opfer«, das die Gemeinde Gott darbringt.
2. Zum »Opfer«-Verständnis des Hebräerbriefes: Lange Zeit beschränkte die Exegese das »Opfer Jesu Christi« auf Jesu Tod am Kreuz. Hebr 10,4 ff. ermöglicht dagegen eine erweiterte Interpretation. Der Verfasser zitiert dort Psalm 40,7–9, um den Worten eine Art Leitmotiv für die Menschwerdung Gottes in Jesus v. N. zu entnehmen. Das Ziel der Menschwerdung sieht er in der Erfüllung des Willens Gottes. Der Menschgewordene erfüllt den Willen Gottes, indem er den Menschen den Namen Gottes verkündet (vgl. 2,12). Damit er diese Aufgabe wahrnehmen kann, hat Gott ihn – wie alle Menschen – mit einem Leib ausgestattet. Die »Verkündigung des Willens Gottes im Leib« ist nach dem Hebräerbrief das »Opfer« Jesu Christi. – Sein Opfer beginnt mit der Menschwerdung und »vollendet« sich in Kreuz und Auferstehung.
Durch Kreuz und Auferweckung bringt der Menschgewordene das Blut seiner Gemeinschaft mit den Menschen vor Gott und bindet sie auf diese Weise in seine eigene Gemeinschaft mit Gott ein. Dadurch vollendet – der »Hohepriester« – Jesus Christus sein irdisches Opfer und eröffnet durch sein Verkündigungsleben im Leib seinen irdischen Brüdern – und Schwestern – die Möglichkeit zum Opfer, d. h. die »Früchte« ihres leiblichen Lebens allezeit Gott darzubringen (vgl. M. Luthers Gedanken vom »allgemeinen Priestertum aller Gläubigen!«).
3. Einzelnes: Vers 15: »Durch ihn«, d. h. durch das »hohepriesterliche« Opfer Jesu Christi ist alles Dankopfern wahrzunehmen, und zwar als Einweisung in das Leben, das bedeutet auch in das Miteinanderleben

der Geschöpfe in der Schöpfung. – Das »Allezeit« steht gegen die Gefahr des abstumpfenden »alle Jahre wieder« der Erntedankgottesdienstrituale. Es akzentuiert das »alle Tage wieder«, das Alltägliche des gemeindlichen Lob- bzw. Dankopfers in Analogie zum alltäglichen Opfer Jesu Christi. Das vom einseitig liturgisch rituellen Zwang befreite »Lob-« bzw. Dankopfer schafft Spielräume in der Schöpfung und zugleich schöpferische Spielräume für menschliche Lebensgestaltung. – Die »Frucht der Lippen« meint Bekenntnisse, Gebete, Gesang und darin und daneben alle vor Gott und den Mitmenschen alltäglich gesprochenen Worte. Sie sind daran zu messen, ob sie Frieden schaffen den Fernen und den Nahen, ob sie heilen (vgl. Jes 57,19). – »Seinen Namen« bezieht sich auf den Namen Gottes. Der Name Gottes steht für Gott selbst, wie er sich im Leben Jesu Christi vorgestellt hat und »durch ihn«, in Jesu Nachfolge nachgelebt werden kann. – Vers 16: Gott hat sein Leben im Erdenwirken Jesu »mitgeteilt«, um den Menschen »Gutes« zu tun. Neben dem »Lippenopfer« äußert sich Dankbarkeit in Entsprechung zu Gottes Tun im »Tun des Guten« und »Teilen mit anderen«, d. h. in der tätigen Nächstenliebe. – Das »Vergesst nicht« steht gegen allzu menschliches Vergessen, gegen allzu menschliches Verdrängen des Dankens in den Alltagsgeschäften.

4. Zur homiletischen Situation: Die Erntedankgottesdienste in K. sind gut besucht. Die ursprünglich landwirtschaftlich geprägte Gemeindestruktur ist in der Erwartung vieler Gottesdienstbesucher noch immer gegenwärtig: Im Gottesdienst soll sichtbar werden, was gewachsen ist und wofür wir Gott Dank schulden. Sichtbar sind auf dem Altar ein großer Laib Brot umrahmt von Trauben und Kornähren; vor dem Altar Körbe mit Äpfel und Birnen, mit Gurken und Tomaten usw.; mächtige Kürbisse nicht zu vergessen und ebenso wenig der alles überragende Strauß leuchtend gelber Sonnenblumen, daneben ein paar Korngarben, die zu beschaffen Bauer M. seit Jahren als seine Aufgabe ansieht. Und eine Sense und eine Sichel, eine »Hungerharke« und eine Säwanne sind zu sehen. Und bestimmte Lieder gehören dazu! All das wiederholt sich Jahr für Jahr; aber nicht als Musterschau menschlicher Möglichkeiten gedacht, sondern eher als Chance, unsere Sinne für elementare menschliche Lebensbedingungen zu schärfen und Gott dafür zu danken, dass sie gegeben sind und aufgrund seiner Zusage (vgl. Gen 8,21 b f.) auch weiterhin gegeben sein werden.

Zum festen Erwartungsrepertoire der Gemeinde gehört ferner das pastorale Mahnen zum Teilen und das Ermahnen zum verantwortlichen Umgang mit der Schöpfung. – Hier eröffnet sich dem Prediger das weite Feld des Düngemittel- und Pflanzenschutzmittelmissbrauchs bzw. der gentechnischen Experimente an Pflanzen und des rücksichtslosen Medikamenten- und Futtermitteleinsatzes mit den entsprechenden Folgen für die Tierzucht. All diese Probleme könnten als »Frucht«, und zwar nicht nur als Frucht fehlgerichteter Forschung, sondern auch als Frucht persönlichen falschen Verbraucherverhaltens angesprochen werden? Der Blick auf dicke Kohlköpfe, pralle Tomaten und »wie gemalte« Äpfel lässt bei den Gottesdienstbesuchern neben Freude und Dank Fragen aufkommen, das zeigen die Nachgespräche während des gemeinsamen Mittagessens. Das Mittagessen, ein weiteres Ritual!

Die Gemeinde feiert seit zehn Jahren zwei Erntegottesdienste. Den oben erwähnten herkömmlich bäuerlich geprägten Gottesdienst am Sonntag vor dem kalendarischen Erntedankfest und am Erntedanktag selbst einen ökumenischen Erntegottesdienst, dessen Gestalt ebenfalls feste Formen angenommen hat. Nach einer kurzen Andacht in der jeweils eigenen Kirche machen sich die katholischen und die evangelischen Gemeindeglieder über mehrere »Stationen« hinweg gemeinsam auf den Weg (»Flurgang!«) zu einem ökumenischen Erntedankgottesdienst in einer auch sonst ökumenisch genutzten Kirche. Neben den o. g. Elementen hat in diesem Gottesdienst der Dank für die »Ernte« der ökumenischen Arbeit am Ort und mit den Partnergemeinden in anderen Ländern seinen Platz. – Das Abendmahl bzw. die Eucharistie werden zwar unter einem Kirchendach und an einem Tisch, aber getrennt, d. h. nacheinander, gefeiert.

5. Verknüpfungen: Der Predigttext lenkt den Blick weg von den Früchten am Altar hin zu den »Früchten« unserer Lippen, unserer Leiber, unseres Lebens im umfassenden und alltäglichen Sinn. Es sind diese Früchte, durch die wir Gottes Tun entsprechen. Gott hat uns seinerseits nicht nur mit Feldfrüchten »abgespeist«, sondern sich uns im Leben des Nazareners selbst dargebracht, »geopfert« und so, »durch ihn«, d. h. in seiner Nachfolge »allezeit« unser »Opfer«, unseren leiblichen Erntedank ermöglicht. »Frucht der Lippen« sind die Lieder, die wir in den Erntegottesdiensten singen, sind die Gebete und Bekenntnisse, die wir sprechen; das Tun des »Guten« und das »Teilen« mit anderen spiegelt sich in der

Übergabe der Altargaben an ein Seniorenheim! Der Text stellt die gängige Erntedankpraxis nicht in Frage, er vertieft und erweitert sie vielmehr. Wenn es in der Predigt gelänge, die Grundbedingungen unseres Lebens und Zusammenlebens jenseits allen pastoral moralischen Ermahnens als »verdankt« darzustellen, wäre damit nicht nur dem Predigttext entsprochen, sondern zugleich auch die Chance ergriffen, die bisherige Erntedankpraxis um Elemente unseres persönlichen Erntedanks, d. h. um den Dank für die Früchte unseres wachsenden und reifenden Lebens zu bereichern.
Zur persönlichen »Ernte« zählen immer auch die schlechten bzw. »faulen« oder sogar »giftigen Früchte« unseres Lebens, z. B. die bedachten oder unbedachten Worte und Handlungen, durch die wir Mitmenschen verletzt haben. Aufgabe der Predigt wird es sein, die Gemeinde zu ermutigen, diese Gaben mit vertrauendem Dank, d. h. in der hoffenden Gewissheit Gott darzubringen, dass er sie vergibt und so unser Leben bzw. Zusammenleben neu ermöglicht!

Predigtidee

Die Grundbedingungen unseres Lebens und Zusammenlebens jenseits allen Ermahnens als Gründe zum Danken darstellen.

Predigtthema

Erntedank mit Herzen, Mund und Händen!

Vorschläge zur Liturgie

Eingangspsalm
Ps 103,1+2 oder 104,27 f.+30+33

Eingeständnis
viel / haben wir von dir empfangen // viel zu viel / für unser Leben // unser Gott / was sollen wir tun?

Zuspruch: Ez 18,7–9

Kollektengebet
von Erde genommen / sind wir / wie Erde / empfänglich und fruchtbar // wie der Same auf die Erde fällt / und vielfältig Frucht bringt / komme / dein Wort / unser Gott / zu uns!

Lesung: Jes 58,7–12

Hinführung zum Abendmahl
Gott / danke für deine Nähe in Wort und Zeichen // danke für das Brot / für alles / was wir nötig haben wie das tägliche Brot / für die Luft / die wir atmen / für die Menschen / die uns Gutes tun / die ihr Leben mit uns teilen // danke für den Wein / für alles / was wir genießen wie den Wein / für die Sonne am Tag / und für den Mond bei Nacht / danke für die Liebe / für die Leidenschaften / für die Freude.

Fürbitten
Gott / danke für die Gaben / auf den Feldern draußen geerntet / ... / danke für die Gaben / geerntet auf den Feldern unserer Herzen / ... / danke für die Menschen / die ihr Leben mit uns teilen / für den Partner / der uns liebt / für die Kinder / die du uns geschenkt hast / ... / danke dafür, dass du uns vergibst / wo wir schuldig wurden / vor dir und den Menschen ... /

Lieder
Wach auf, mein Herz und singe ... 446,1+5–9; Ich singe dir mit Herz und Mund ... 324 in Auswahl; Der Tag ist seiner Höhe nah ... 457,1+4–9; Wenn das Brot ... 667. – Eventuell: Sei Lob und Ehr ... 326,1–3+5–7; Die güld'ne Sonne ... 4491+3; Herr, die Erde ist gesegnet ... 552; Ich lobe meinen Gott ... 673. – Die Liednummern sind dem EG (Evangelische Kirche im Rheinland ...) entnommen.

Predigtskizze

Ich stelle mir vor, dass Gott sich über das, was wir heute Morgen tun, freut. Die Gebete, die wir sprechen, die Lieder, die wir singen, die

»Früchte unserer Lippen« und die Früchte auf dem Altar, die wir verteilen, werden ihm gefallen.
Wie wäre es, wenn wir noch einige persönlichere Erntefrüchte zu den Früchten auf dem Altar legten? Früchte, die nicht in unseren Gärten wachsen, die nicht auf dem Markt gekauft werden können. Das ist auch nicht nötig, denn wir tragen sie in uns. Ich meine die Früchte, die auf dem Boden unseres Herzens wachsen, allerdings nur dort, wo wir barm-»herzig«, warm-»herzig«, groß-»herzig« ... sind, oder mit Worten des Hebräerbriefes: dort, wo wir »Gutes« tun und mit anderen Menschen »teilen«. Paulus hat diese Früchte »Früchte des Geistes« genannt. »Liebe, Freude, Friede, Geduld, Freundlichkeit, Güte, Treue, Sanftmut ...« zählt er dazu. Diese Früchte wachsen nur dort und können nur dort geerntet werden, wo wir unser Herz von Gottes Geist ergreifen und hineinziehen lassen in die Schöpfung. Gottes Geist lässt uns zu Geschöpfen unter Mitgeschöpfen werden. Jesus hat aus diesem Geist heraus gelebt. Wer sich wie er in der Schöpfung bewegt, wer ihm nachfolgt, der wird wie er vielfältige Frucht bringen; z. B. »Früchte der Lippen« wie Worte der Liebe, die den anderen berühren, die ihn zum Leben wecken, Worte der Ermutigung, die ihn aufrichten, Worte des Lebens, Worte des Trostes, Worte, die in die Freiheit führen ... Wer ihm nachfolgt, der wird sein Leben mit anderen teilen wollen. Dass er dann auch alles andere mit anderen teilen möchte, ist eher selbstverständlich ... Diesen Zusammenhang zwischen Gott, den Mitmenschen und uns selbst erkennen, das heißt Glauben. Wer glaubt wird nachdenklich und kommt schon bald ins Danken. Was gibt es in unserem Leben, das nicht Gott oder den Mitmenschen verdankt ist? ... Der Dankende weiß sich beschenkt von Gott und seinen Mitmenschen. Danken macht gelassen. Es kommt ja Gott sei Dank nicht nur auf uns an. Danken macht glücklich. Danken gehört zur allzeitlichen, alltäglichen christlichen Lebenskunst. Danken lässt sich nicht auf ein bestimmtes Kalenderdatum einschränken. Der Erntedanktag hat seine Bedeutung vor allem darin, dass er gegen unser allzu menschliches Verdrängen und Vergessen in den Alltagsgeschäften steht.
Wie in unseren Gärten gibt es allerdings auch auf dem Boden unseres Herzens Wildwuchs, d. h. Pflanzen, die keine oder ungenießbare oder sogar lebensschädliche, weil giftige Früchte hervorbringen und so den Pflanzen, die gute Früchte tragen, Licht, Luft und Lebensraum nehmen. Wer diesen Wildwuchs nicht eindämmt, dessen Herz wird bald von ab-

lehnender Bösartigkeit, nagendem Neid und wachsendem Unfrieden überwuchert sein. Dessen Worte beleidigen und verletzen, zerstören Beziehungen, trennen ihn und seine Mitmenschen, sie sondern ihn ab. Er begegnet schließlich – in der gesamten Schöpfung – nur noch sich selbst.

Der Erntedanktag ist auch ein Tag der Umkehr bzw. der Einsicht in die o. g. Zusammenhänge. Gott vergibt die schlechten Früchte unserer misslungenen Lebensgestaltung. Er lädt uns ein, uns von ihnen zu trennen. Er bittet uns darum, sie ihm übergeben. Er möchte nicht, dass sie uns und andere über diesen Tag hinaus belasten. Das ist des Dankens wert!

Hier könnte die zweite Symbolhandlung angeschlossen werden! (s. u.)

Symbolhandlungen

1. Erntedank mit »Händen« gefeiert: Einzug und symbolisches »Opfern« bzw. Niederlegen der Gaben (Früchte; Korngarben und Blumen; Brot und Wein [!]) am Altar am Anfang und symbolische Übergabe der Gaben (mit einem Scheck [!] verbunden) an das Seniorenheim am Ende des Gottesdienstes .

2. Erntedank mit »Herzen« gefeiert: Den Gottesdienstbesuchern werden am Eingang der Kirche ein roter und ein brauner apfelförmiger Notizzettel und ein Bleistift überreicht und gesagt, dass Papiere und Bleistift für eine Symbolhandlung gedacht sind.

Neben dem geschmückten Altar steht gut sichtbar ein großer belaubter Ast (Containerbäumchen etc.).

Die Gottesdienstteilnehmer werden im Schlussteil der Predigt gebeten, eine oder mehrere der ihrer Meinung nach guten, Leben fördernden persönlichen »Früchte« ihrer Lippen, Hände, Gedanken ... auf dem roten Zettel und entsprechend eine oder mehrere der schlechten, faulen oder sogar giftigen Früchte, die ihr eigenes Leben oder das Leben anderer beeinträchtigten bzw. zerstörten, auf dem braunen Zettel zu notieren und danach beide Zettel an dem Ast neben dem Altar als Dank für gelungenes bzw. als Dank für die Vergebung von nicht gelungenem Leben zu befestigen.

Die Notizen werden in den Dank und in die Bitten des Schlussgebetes einbezogen.

Kontexte

Paulus

»Die Frucht aber des Geistes ist Liebe, Freude, Friede, Geduld, Freundlichkeit, Güte, Treue, Sanftmut, Keuschheit ...«

Galater 5,22 f

Dietrich Bonhoeffer

»Ich glaube, dass Gott aus allem, auch aus dem Bösesten, Gutes entstehen lassen kann und will. Dafür braucht er Menschen, die sich alle Dinge zum Besten dienen lassen ... Ich glaube, dass auch unsere Fehler und Irrtümer nicht vergeblich sind, und dass es Gott nicht schwerer ist, mit ihnen fertig zu werden, als mit unseren vermeintlichen Guttaten.«

Widerstand und Ergebung, 1966, 22 f.

Lena Lieblich

Manche Menschen wissen nicht, / Wie wichtig es ist, dass sie da sind. / Manche Menschen wissen nicht, / Wie gut es ist, sie nur zu sehen. // Manche Menschen wissen nicht, / Wie tröstlich ihr gütiges Lächeln wirkt. // Manche Menschen wissen nicht, / Wie wohltuend ihre Nähe ist. / Manche Menschen wissen nicht / Wie viel ärmer wir ohne sie wären. // Manche Menschen wissen nicht, / Dass sie ein Geschenk des Himmels sind. // Sie wüssten es, / würden wir es ihnen sagen.

www.c-schulz.de/dichter/lieblich.htm

20. Sonntag nach Trinitatis
Der 2. Brief an die Gemeinde in Korinth 3,3–9

Michael Rambow

Exegetisch-homiletische Skizze

Der 2 Kor ist ein Motivationsschreiben: Werdet, was ihr durch den Glauben seid! Lebt, um Gott zu gefallen! Am Leben sollen die Güte Gottes und sein Willen für das menschliche Leben ablesbar werden.
In 3,3 wird dieser Gedanke erweitert: Ihr seid ein »Brief Christi«. Die Gemeinde ist kein Empfehlungsschreiben für die Autorität des Apostels. Die Existenz der Gemeinde weist hin auf die Urheberschaft durch den Geist Gottes. Die eigene Tätigkeit ordnet der Apostel diesem Wirken und dieser Autorität unter (3,5.6). Im »Brief Christi« werden an den Christinnen und Christen für andere Erlösung, Rettung, Hoffnung auf Gottes Welt ablesbar. Tüchtigkeit und Leistung sind Gaben Gottes.
In 3,7–9 redet Paulus über das Amt und kommt damit auf den Anfang des Abschnitts (3,1–3) zurück. Er sieht seine Arbeit als Dienstverhältnis, das Leben verkündigt und das dadurch herausgehoben und von anderen unterschieden ist. Er zeigt, wie segensvoll es ist, im Dienst des Geistes Gottes mitzuarbeiten. Diesen Hinweis benutzt er, um zu einem Leben nach Gottes Willen zu motivieren. Ein erfolgreiches Leben entspringt nicht dem eigenen Überzeugtsein oder eigenen Kräften. Es folgt allein aus dem Handeln Gottes. Von daher fällt auf das Amt ein besonderes Licht!
Anlass des Briefes scheint gewesen zu sein, dass in Korinth auf Dauer die Autorität und das Vertrauen zu Paulus nicht gefestigt waren. Fremde Apostel stellen seine Mission in Abrede. Anhand von Empfehlungsschreiben belegen sie ihre Autorität. Sie stellen ihre Leistungen heraus. Paulus wird als Wichtigtuer mit unlauterem Verhalten und schwer verständlicher Predigt dargestellt. Paulus hält dagegen. Er hat keine Empfehlungsschreiben nötig. Die von ihm gegründete Gemeinde ist sein

Empfehlungsschreiben (3,1.2). 2 Kor 3,3–9 ist Teil des Abschnitts um die Wiederversöhnung des Apostels mit der Gemeinde (Kapitel 1–7). In »seiner« Gemeinde hat es Unruhe gegeben erfährt Paulus. Das wurmt einen Menschen wie ihn gewaltig. Frommer Eifer aber auch eine Portion Eitelkeit mögen ihn von Ephesus nach Korinth gejagt haben, um die Dinge gerade zu biegen, bevor sie aus dem Ruder laufen. Wie schön, wenn aus biblischen Texten Leidenschaft und Menschliches durchdringen. Nach K. M. Fischer ist der 2. Korinher der »leidenschaftlichste, persönlichste« aller Paulusbriefe. (H.-M. Schenk/K. M. Fischer; Einleitung in die Schriften des NT, Evangelische Verlagsanstalt GmbH, Berlin 1978, 108).

Worüber kann gepredigt werden? Ausgehend von der Situation des Paulus, seiner emotionalen Betroffenheit im Zusammenhang der Arbeit in der Gemeinde könnte über das Amt geredet werden. Paulus macht das vor. Das würde auch zu 3,7–9 passen.

Ihr seid ein »Brief Christi« ist für mich ein so starker bildhafter Ausdruck, dass ich ihn für die Predigt nutze. Ein Brief transportiert Anspruch und Zuspruch des Senders. Ein Brief ist eine Selbstdarstellung des Absenders. Die Reflexion, was christliche Gemeinde ausmacht und von anderen Zusammenschlüssen unterscheidet darf nicht zu schnell auf christliche Tugenden oder Gemeindeleistungen verweisen. Die Sonntagslesungen 1 Thess 4,1–8/Mk 10,2–9 zeigen zwar diese Richtung. Das ergäbe eine Konkurrenzsituation, wie sie Paulus gerade in der Auseinandersetzung vermeidet. Es gibt die guten Menschen und manches vorbildliche Miteinander nicht nur in christlichen Gemeinden.

Urchristliches Kommunikationsmittel waren Briefe. Die Kommunikationsgesellschaft sendet heute Mails und SMS-Nachrichten, maximal 120 Zeichen. Ist die christliche Gemeinde noch ernsthafter Kommunikationspartner für die Gesellschaft und ihre Menschen, z. B. bei den Debatten um Sterbehilfe oder Gentechnik wie auch bei anderen gesellschaftlichen Fragen? »Wenn sich Synoden und Kirchenleitungen äußern, ist das meist so ausgewogen, dass Außenstehende mit einem Achselzucken zur Tagesordnung übergehen« (J. Wandel in: Deutsches Allg. Sonntagsblatt).

Die Werbewirtschaft arbeitet mit »Botschaften«. Ein Produkt hat eine »Botschaft«. In ihm stecken Verheißungen. Beim Wettbewerb um die Menschen prasseln Mengen von Botschaften auf alle nieder. Wer liest eigentlich alle Werbebriefe? Nicht selten und nicht ohne Grund nutzt die

Werbung religiöse Bilder und Hintergründe. Es ist reizvoll, vorbereitend für diese Predigt – aber vielleicht auch für die sonstige berufliche Praxis – gezielt Werbung mit ganz anderen Botschaften anzusehen und bewusst wirken zu lassen. Was wird mit welchen Mitteln beworben? Welche Effekte werden eingesetzt? Welche Gefühle lösen sie aus? Welche Assoziationen wecken sie? Welche »Botschaften« kommen an? An vielen Briefkästen steht »Bitte keine Werbung!« Auch Christinnen und Christen begegnen immer häufiger Ablehnung. Dabei ist gute Werbung nichts Schlechtes. Gute Werbung ist spannend, anregend, sinnvoll, amüsant. Gute Werbung, gute Empfehlungsschreiben öffnen Türen bis zu den Herzen. Die christliche Gemeinde hat einen Vertrauensvorschuss. Wer empfiehlt sich durch die Christinnen und Christen der Welt und den Menschen? Wie wird das Empfehlungsschreiben christliche Gemeinde heute wahrgenommen, gelesen, beiseite getan oder »entsorgt«? Welche Botschaft transportiert die einfache Tatsache, dass in den Orten unseres Landes Christinnen und Christen leben? Was bedeutet die Botschaft ihr seid ein »Brief Christi« auf dem Hintergrund einzelner Bundesländer oder Gemeinden, in denen die Zahl der Christen sehr gering ist?

Aus dem Geist Gottes kommen Zuspruch zum Leben und Anspruch an das Leben. Gott hält denen die Treue, die aus eigenen Kräften wenig vorzuweisen haben. Es ist schön, wenn es in Kirche und Gemeindehaus lebhaft zugeht, angefangen bei der Krabbelgruppe, über Frauenfrühstück, Yoga-Kurs, Anonyme Alkoholiker, christliche Pfadfinder, Konfirmanden, Volkshochschule, Knüddelclub, Vorbereitungskreis für Thomas-Messen bis zum Seniorentanz und Bibelgesprächsrunden. Worin zeigt sich eine lebendige Gemeinde als lesenswerte Botschaft Gottes? Auch davon ist zu reden oder in der Vorbereitung wenigstens zu reflektieren. Paulus befindet sich in einer Konkurrenzsituation mit anderen Anbietern. Seine Strategie ist aber nicht, *mehr* anzubieten. Selbstgewissheit entsteht aus der Mitte des Glaubens, aus dem Geist Gottes heraus. Paulus weigert sich, seine Arbeit oder die Gemeinde als »Beweis« anzuführen. Es ist nicht das Konkurrieren mit anderen Sinnanbietern. Der Blick wird auf den »Urheber« gelenkt. Das motiviert zu Selbstgewissheit und Selbstsicherheit, sich zu behaupten aus dem, was zum Glauben unterscheidend beiträgt: Gottes Geist. Ihr müsst euch besinnen auf das Eigentliche, schreibt er. Gottes Geist bewegt Menschen und beruft sie so in den Dienst – manchmal allein durch die Tatsache ihres Daseins. Reicht das? Ist das glaubwürdig? Zu viel Zumutung und Anspruch? Glauben vollzieht sich nicht nur unsichtbar im Herzen, lässt sich nicht auf eine Herzensangelegenheit reduzieren. Dass was rüberkommt an praktischem Alltagsleben, dafür gibt die Perikope Anreize.

Predigtidee

Ihr seid der Brief Christi. Brief als Kommunikationsmittel.

Predigtthema

Wir sind Werbetafel des lieben Gottes
»Dein Handeln predigt lauter als deine Worte«

Vorschläge zur Liturgie

Eingangspsalm im Wechsel: Ps 19 (EG 708)

Leitvers
So spricht der Herr: Ich will meinen Geist in euch geben und solche Leute aus euch machen, die in meinen Geboten wandeln und meine Rechte halten und danach tun. Ez 36, 27

Kollektengebet
Lieber Gott und Vater! Du zeigst uns deinen Weg. Wir aber müssen uns besinnen, wie wir entscheiden und handeln sollen, um deinem Willen gerecht zu werden. Dazu hilf uns in diesem Gottesdienst. (Liturgieentwürfe für das Kirchenjahr. Beratungsstelle für Gestaltung, Frankfurt/M. 1985, Seite 340)

Sündenbekenntnis/Gnadenzusage
Manchmal sind wir bedrückt, es geht nicht weiter, wir wissen keinen Ausweg. Wir sind unsicher und wenig überzeugt von dem, was wir tun.

Die Welt und unser Leben erscheinen uns oft ohne Sinn und Richtung. Das lässt uns klagen und bitten: Kyrie eleison
So spricht der Herr: Ich will dich unterweisen und dir den Weg zeigen, den du gehen sollst; ich will dich mit meinen Augen leiten. Deshalb lasst uns dankbar singen: Ehre sei Gott in der Höhe.

Liturgieentwürfe für das Kirchenjahr. Beratungsstelle für Gestaltung, Frankfurt/M. 1985, Seite 340

Fürbittengebet

Gott, du gibst uns Richtung und Sinn. Durch Jesus zeigst du uns, wie deine Liebe unser Leben ordnet. Dafür sind wir dankbar und bitten dich:

- dass wir im Zusammenleben mit anderen ehrlich und behutsam sind,
- dass wir verlässlicher werden und die Treue durchhalten, die wir versprochen haben
- dass Ehepaare über ihre Spannungen und Probleme reden und dabei ihre Ehe neu erleben können,
- dass Eltern und Kinder aufeinander hören und voneinander lernen,
- dass alle, die alleine leben, Menschen finden, die ihnen nahe sind,
- dass Einheimische und Fremde den Schwierigkeiten der Verständigung nicht aus dem Wege gehen, sondern mit Geduld Vorurteile überwinden und Verbindendes entdecken. Gott, du gibst uns Richtung und Sinn für unser Leben. Wir danken dir.

Liturgieentwürfe für das Kirchenjahr. Beratungsstelle für Gestaltung, Frankfurt/M. 1985, Seite 341

Lieder

Wohl denen, die da wandeln (Wochenlied, Evangelisches Gesangbuch (EG) Niedersachsen/Bremen, 295)
O, dass doch bald dein Feuer brennte (EG 255)
Wach auf, du Geist der ersten Zeugen (EG 241)
Ich lobe dich von ganzer Seelen (250, besonders Strophen 4 und 5)
Eine freudige Nachricht breitet sich aus (558)
Die ganze Welt hast du uns überlassen (360, 1–3)

Vorschlag zur Predigt

Möglicher Anfang

»Die Christen sind die einzige Bibel, die die Menschheit heute noch liest.« Eine steile Behauptung. Ich kann mir nur schwer vorstellen, als lebendiges, wandelndes Gotteswort gesehen zu werden. Wer kann sich schon hinstellen und sagen, dass alles, was an einem so zu sehen und abzugucken ist, auch immer im Sinne des lieben Gottes ist?

Zum weiteren Verlauf

Paulus schreibt den Christen nach Korinth: »Ihr seid ein Brief Christi«. An euch lesen die Mitmenschen ab, was es heißt, als Christ zu leben. Wenn jemand wissen will, was Christus will und wozu der Glaube Menschen bewegt, wovon er sie fernhält, dann sollen einfach die Menschen in der Gemeinde angeguckt werden. Schon, dass es diese Menschen gibt, die Christinnen und Christen in der Nachbarschaft, in der Familie, in der Firma ist ein handgreifliches – manchmal auch angreifbares – Zeichen.

Was sollen um Gottes Willen die Leute eigentlich erfahren: Welche Glaubensheldin die Nachbarin ist? Wie viel Friedensliebe unter den Christen herrscht? Wie nett und freundlich alle im Gemeindehaus zusammen sind? Christlicher Glaube ist mehr als gut sein. Ehrlichkeit soll zu lesen sein und wie viel Lebenstragfähigkeit durch den Glauben kommt. Vertrauen, du kannst nicht verloren gehen. Du lebst nicht aus der Summe deiner guten oder missratenen Taten. Wir brauchen keine anderen zu sein als Menschen, die sich auf das Versprechen der Taufe verlassen: Gottes Liebe ist in deinem Leben. Sein Heil trägt dich.

Möglicher Schluss

Ihr seid ein »Brief Christi«. Wenn nun einfach gesagt würde, dass dieser Brief hier in N. 2000 Seiten hat. So viele kleine und große, junge und alte, erfahrene und unerfahrene, mutige und verzagte, gute und böse, beispielhafte und beispiellose, fromme und weniger fromme, dicke und dünne, reiche und arme Seiten hat dieser Brief Christi. Und alle verschieden. Ein ziemlich umfangreiches Schreiben. Christus ist in jeder und in jedem Einzelnen. Wenn das da und dort nach draußen dringt, gegenüber den Kindern, dem Partner, dem Angestellten, dann geht dieser

Brief auf die Reise zum nächsten Empfänger. Dann hat der liebe Gott seine Werbetafeln nicht umsonst in die Welt gestellt. Darauf kommt es an.

Gestaltungsidee

Fotoausstellung der Gottesdienstbesucherinnen und -besucher. »Lebendiger Brief Christi. In jedem Gesicht sieht mich Christus an«. Entweder wird im Gemeindebrief oder Sonntage vorher angekündigt, ein persönliches Foto mitzubringen oder anschließend an den Gottesdienst werden mit Digitalkameras und PC-Drucker die Fotos erstellt und präsentiert.

Kontext

Die Laurentius-Legende gehört in den Kontext des »Briefes Christi«: Laurentius wurde gefragt, wo die Schätze der Kirche versteckt seien. Er solle sie herausgeben, andernfalls würde er getötet. Am nächsten Tag soll Laurentius mit Armen, Kranken und Bedürftigen erschienen sein, und indem er auf sie wies, gesagt haben: Das sind die Schätze der Kirche. Er wurde auf einem glühenden Rost getötet. Vielleicht predigen manche Kolleginnen und Kollegen in einer Laurentius-Kirche?

Tipps zum Text

»Ein Bild sagt mehr als tausend Worte.« Ich besuchte einen Kollegen, um ihn zu fotografieren. Wir kannten uns vorher nur flüchtig. Als wir uns gegenübersaßen, er ein bisschen von seiner Person und seiner Arbeit erzählte und wir die Fotos besprachen, die entstehen sollten, sagte er plötzlich: Das wird ja, als ob alles von mir zu lesen ist, auch das Verborgene. Im Menschen lesen. Gesichter, Falten, Mimik, Haltung erzählen viel.

21. Sonntag nach Trinitatis

Der 1. Brief an die Gemeinde in Korinth 12,12–14.26–27

Eschel Alpermann

Exegetisch-homiletische Skizze

Der Predigttext ist im Wesentlichen von einem Grundgedanken bestimmt: Einheit der Gemeinde, in der die Einzelnen »zusammengewachsen« sind zum »Leib Christi«. Unterstrichen wird diese Einheit durch denselben Geist und dieselbe Taufe. Damit sind alle Unterschiede, wenn schon nicht aufgehoben, so doch relativiert und »entschärft«. – Neues Bewusstsein prägt die Gemeinde, die von ihrer Zusammengehörigkeit zum Christus-Leib her zum Modell einer neuen Existenz erhoben ist. – Marginal erscheint die beispielhafte Ausführung: »Wenn ein Glied leidet, so leiden alle Glieder mit« usw. – Bekräftigend sagt Paulus: »Ihr aber seid der Leib Christi und jeder von euch (ist) ein Glied.«
Schwerpunkt der Predigt kann die »Einbindung« des Einzelnen in das »Ganze« einer (immer überparochial zu denkenden) Gemeinde sein. Dabei sollte der Blick auf die kirchengeschichtlich nicht unproblematischen Spaltungen, Reformen und Vereinigungsbestrebungen gerichtet bleiben. Natürlich kann nicht alles gesagt werden, was kritisch aufzuarbeiten wäre. Doch genügt es, den Hörenden anschaulich zu machen, dass um der Wahrheit willen der Einheitsgedanke nicht allein »über allem stehen« darf. – Auf dem Weg zur letzten gültigen Wahrheit müssen wir uns wohl mit der Annäherung an diese Wahrheit – womöglich mit Teil-Wahrheiten – vorerst begnügen. So wünschenswert auch sichtbare Einheit ist, so wenig darf sie die Glaubwürdigkeit des Zeugnisses gefährden, das der Gemeinde auszurichten aufgetragen bleibt.

Predigtidee

An Hand zweier, wohl weithin bekannter Bilder (die »vorgestellt« werden sollten) wird – hoffentlich in einem »Abendmahls-Gottesdienst« – der Gedanke der Einheit der Gemeinde (zum Nachteil des Gedankens der unlösbaren Verbundenheit von Leib Christi und einzelnem (Gemeinde-Glied) aufgezeigt (Nolde: Pfingsten/Geist-Ausgießung). Das zweite Bild (Leonardo da Vinci: Abendmahl) bietet die Möglichkeit, die Gefährdung der Einheit anzusprechen, wie sie sich in mancher Gemeinde konkret erfahren lässt. – Das Motiv des Verrats, das im Hintergrund steht (und nicht betont zu werden braucht) bildet die dunkle Folie dafür, dass der Gedanke der Einheit nicht ideologisch missdeutet wird. – Wenn Gelegenheit besteht, können beide Abbildungen (etwa als Dia projiziert) der Gemeinde »vor Augen gestellt« werden. – Abschließend kann durch Wiederaufnahme der Bildmotive eine Zusammenfassung erfolgen (auf die hier aus Raumbeschränkung verzichtet wird).

Predigtthema

Durch den Geist Gottes sind wir (die Gemeinde) zu einer Einheit in Jesus Christus geworden. Ohne diesen einen Geist bleibt diese Einheit gefährdet. Sie steht der Wahrheit des Evangeliums aber niemals im Wege.

Vorschläge zur Liturgie

Als Lieder zu empfehlen: EG Nr. 251 (»Herz und Herz vereint zusammen«), als Lobstrophe EG Nr. 289,4 (»Die Gottesgnad alleine steht fest«), sowie EG 200 (»Ich bin getauft auf deinen Namen«) und EG Nr. 170 (»Komm, Herr, segne uns«). Ferner EG Nr. 125 (»Komm, Heiliger Geist, Herre Gott, erfülle mit deiner Gnaden Gut deiner Gläub'gen Herz, Mut und Sinn«).

Spruch:
In Christus Jesus seid ihr, die ihr einst ferne gewesen wart, nahe geworden durch das Blut Christi. Denn er ist unser Friede. (Eph 2,13.14a).

Oder (Wochenspruch): Lass dich nicht vom Bösen überwinden, sondern überwinde das Böse mit Gutem (Röm 12,21).

Psalm 19,10–15; in EG (Ausgabe für Baden): Nr. 708.2

Eingangsgebet:

Gott, treuer Helfer an unserer Seite und tröstende Kraft für unsere nächsten Schritte, wir feiern diesen Gottesdienst im klaren Bewusstsein unseres Unglaubens, unserer Untreue, unserer Lieblosigkeit und – leider auch – beklagenswerter Uneinigkeit! – Was wir dir zu bieten haben, reicht nicht aus, um stolz, selbstzufrieden und selbstbewusst zu sein. Ja, wir geben zu, dass wir weder ernsthaft deinem Wort gefolgt sind noch unsere Orientierung bei Jesus, unserem Fürsprecher, gesucht haben.
Gott, wir bitten dich, lass uns nicht bei unserem Versagen stehenbleiben. Gib uns, was unsere Herzen sich im Innersten wünschen: Frieden, der dein Geschenk an uns ist! Frieden, der alle Menschen an unserer Seite einschließt! Frieden, der durch deinen Geist zustande kommt und Jesus Christi Geist atmet! Wirke in unserer Mitte durch dein Erbarmen!

Gnadenzusage

So spricht der Hohe und Erhabene, der ewig wohnt, dessen Name heilig ist: »Ich wohne ... bei denen, die zerschlagenen und demütigen Geistes sind, damit ich den Geist der Gedemütigten und das Herz der Zerschlagenen erquicke (nach Jes 57,15).

Fürbitten

Gott, es schmeichelt uns, von deiner grenzenlosen Liebe zu hören, die niemanden fallen sieht, ohne diesen aufzurichten und zu trösten. Solche Geborgenheit tut wohl und weckt Vertrauen. Aber immer wieder überrascht uns die Versuchung, dass dies nur für uns – nicht für andere – gelten möge. Darum bitten wir dich mit Nachdruck: Gib uns den Geist, der unser Herz für die Nöte anderer Personen öffnet. Bezwinge dazu in uns alles, was als unser Vorteil gegenüber anderen erscheinen könnte. Lass uns immer wieder darüber nachdenken, welche Gefühle im Erleben anderer Menschen die Oberhand behalten, und zeige uns, wie wir mit beherzten Schritten zum Besseren helfen können. Nimm uns in deine Pflicht, Liebe in Taten umzusetzen und damit Vertrauen auf deine Güte anzuregen. So erfülle doch unsere Herzen und Sinne mit deinem Heiligen Geist!

Schlussgebet

Gott, du Quelle allen Lebens, dir verdanken wir die Freude am Leben, das uns gefällt. Von dir haben wir Liebe empfangen, die unsere Herzen bewegt. Unsere besten Hoffnungen bleiben mit dir verbunden, um Jesu Christi willen, der seinen heilsamen Geist gegen den Ungeist in uns aufbietet. – Gott, wir danken dir für alle gelungenen Ansätze, diesem Jesus nachzueifern und dein Ebenbild im Gesicht eines anderen Menschen – wieder – ansichtig zu machen. Lass uns die überzeugende Art zu lieben von Jesus lernen. Nimm uns die Angst vor den Einflussreichen und Überlegenen, damit wir uns nicht vor ihnen verbiegen. Erinnere uns vielmehr daran, dass du aufrechten Gang magst und uns stets zu deinen Kindern rechnest! So lass uns unseren Teil dazu beitragen, dass unsere Welt – stärker als je – der Gestaltung deines Reiches Raum gibt. Dazu bewege uns dein Heiliger Geist, die Triebfeder im Wirken Jesu, der selbst im Leiden für uns den Weg zu ewig gültiger Freude frei gab.

Vorschlag zur Predigt

Möglicher Anfang

Dem Maler Emil Nolde verdanken wir ein Gemälde, dessen Bildmotiv auch von anderen Künstlern gestaltet worden ist. Wir sehen eine überschaubare Anzahl schmucklos gekleideter Männer, versammelt in einem Kreis, so dass sie sich gegenseitig anzuschauen scheinen. – Ein wenig ernüchtert stellen die Betrachteten fest, dass die Mitte, die der Kreis frei lässt, völlig leer ist. Also kein Trinkgelage, kein Würfelbecher auf dem Tisch, weder Brot noch Fisch. Man könnte an eine Verschwörung denken, die an geheimen Ort vorbereitet werden solle. Denn die Augen der Dargestellten – soweit sie den Betrachtenden zugewandt sind – wirken weit aufgerissen; ein Leuchten geht von ihnen aus und auch ein erschrecktes Erstaunen mag bemerkbar sein. – Das alles bliebe rätselhaft und geheimnisumwittert, wenn der Maler Nolde nicht doch auch den Schlüssel zum Verständnis jener Szene geliefert hätte: Über einem jeden der dargestellten Männer züngelt ein unübersehbares Flammenzeichen, unwirklich zwar, aber dennoch wirkungsvoll. Das Geheimnis des Bildes ist enträtselt: Die Versammelten erfuhren in ihrer Mitte die Kraft des Heiligen Geistes, den Jesus ihnen bei seinem nachösterlichen Abschied verheißen hatte. Nun war die Stunde gekommen, in der die Worte Jesu in der Wirklichkeit bestätigt wurden. Noldes Bild ist ein Pfingst-Bild.

Zum weiteren Verlauf

Aus dem vorgestellten Bild heraus ergibt sich ein Verständnis, das die »an Jesus Christus Glaubenden der ersten Stunde« für sich selbst entworfen haben. Maßgebend für ihr Selbstverständnis ist die Charakterisierung durch den Maler und Evangelist Lukas: »Sie blieben aber beständig in der Lehre der Apostel und in der Gemeinschaft und im Brotbrechen und im Gebet (Apg 2,42)«. Vollkommene Eintracht und anhaltende Harmonie wirken anziehend. Gemeinde als »problemfreie Zone« könnte »zum Betreten« verlocken, einladen! – Kein Zweifel: Auch uns erscheint ein Gemeindeleben, das sich störungsfrei entwickelt und konfliktarm daherkommt, in hohem Maße faszinierend.
Der Apostel Paulus zeichnet im 12. Kapitel des 1. Korinterbriefes eine Skizze – übrigens nachdem er bezeichnenderweise im Kapitel zuvor sich zum Abendmahl geäußert hatte – die sich wie eine Druckpause, wie eine genaue Widergabe des von Lukas vorgestellten Bildes der Gemeinde ausnimmt. Paulus weiß nur zu gut, dass die verschiedenen Christen und Christinnen in Korinth in manchen Fragen des Glaubens und des Gemeindelebens unterschiedliche Ansichten vertreten. Ja, wenn es doch nur »unterschiedliche Ansichten« gewesen wären! Es gibt heftigen Streit! Streit, der unerbittlich geführt wird. Es droht nicht nur eine Spaltung der Gemeinde, sondern darüber hinaus die Unglaubwürdigkeit der Glaubensbotschaft, die Paulus den Korinthern gebracht hatte. Was kann Paulus dagegensetzen? Er beschwörte die Verantwortlichen in beiden Lagern, in die die Gemeinde zu zerfallen drohte, sich der Einheit aller bewusst zu werden: »Wie *ein* Leib selbstverständlich *viele* Gleider hat –, und wie *alle* Glieder nur ihre Aufgabe erfüllen können, wenn sie sich dem *einen* Leib sinnvoll zur Verfügung stellen, *so* ist auch jedes Gemeindeglied – wie die übrigen alle auch – untrennbar im Glauben mit Jesus Christus verbunden.« – Selbst die Zugehörigkeit zu verschiedenen gesellschaftlichen Gruppen (hier können konkrete Hinweise auf

die polarisierenden Gruppen und Kreise am Ort gegeben werden) bildet kein Hindernis dafür, dem *einen* Christus anzugehören, – wie ja auch unterschiedliche Glieder gemeinsam einem Leib bzw. Körper angehören.

Wir können im Blick auf verschiedene Gemeinde-Vorstellungen den Apostel Paulus als Verfechter eines Einheits-Modells bezeichnen. »*Ein* Herr, *ein* Glaube, *eine* Taufe (Eph 4,5)«. Doch hat Paulus die Leute in Korinth überzeugen können? Ist sein Gemeindeverständnis durchsetzungsfähig geworden? Die Christenheit hat sich wiederholt »gespalten« (siehe Schisma zwischen der römisch-katholischen Christenheit im Westen Europas und der orthodoxen Christenheit im Osten, 1054 n. Chr.). Erinnert sei an die Kirchenspaltungen (Plural!) der Reformationszeit. Die ökumenischen Bemühungen – insbesondere sei auf den Ökumenischen Weltrat der Kirchen mit Sitz in Genf verwiesen – bestätigen zwar die Anstrengungen, die Einheit der Christenheit voranzutreiben, aber unverkennbar gibt es auch Stillstand, Rückschläge und herbe Enttäuschungen, die die frühe Hoffnung welken lassen.

Für die Ortsgemeinde/n spielen die konfessionellen Unterschiede – von besonderen »Fällen« abgesehen – keine entscheidende Rolle (mehr). (Ist damit automatisch schon ein Beitrag zur Einheit geleistet worden?) – Sei es, das sich eine Gemeinde ohnehin im Abseits gesellschaftlicher Aktualität wähnt, sei es, dass Einheit im Umgang vor Christenleuten verschiedener Konfessionen auf der »Gemeinde-Ebene« bereits Früchte gebracht hat – im Unterschied zum Diskussionsstand der Fachtheologen. Gemeinsame Gottesdienste werden bei zahlreichen Anlässen (Kirchen- und Katholikentage) zwischen Katholiken und Protestanten gefeiert. Auch diese »Zeichen« sind ein Beitrag zum Thema Glaubwürdigkeit der Kirche/n! Was darf also künftig von den Kirchen – bzw. von der Kirche – erwartet werden? Widerspricht die Vielzahl der christlichen Konfessionen und Kirchen dem auf Einheit ausgerichteten Gemeinde-Verständnis des Paulus?

Möglicher Schluss

Dem Bild des Maler Emil Nolde möchte ich ein zweites, ein anderes Gemälde zur Seite stellen. Es dürfte vielen unter uns bestens vertraut sein. Wir verdanken es dem Künstlergenie Leonardo da Vinci. Im Kloster St. Maria delle Gracie in Mailand befindet es sich im Speisesaal der

Mönche (freilich in bedauernswertem Zustand). Diesmal sind die Jünger nicht um eine gegenstandslose Mitte versammelt, die durch Geistesgegenwart »gefüllt« wäre. Dieses Mal ist Jesus selbst unübersehbare Mitte des Bildes, der Jüngerschar und zugleich des Geschehens. Denn Leonardo da Vinci lässt uns, die Betrachter der Szene, jenen Augenblick nacherleben, der – nach dem Evangelium – den Worten Jesu folgt: »Einer unter euch wird mich verraten (Mt 26,21)!« – Die innere Empörung im Kreis der Jünger, der entsetzte Widerspruch, auch ihre Betroffenheit werden vom Künstler eindrucksvoll ins Bild gebracht. – Ein Abendmahl-Gemälde – und doch auch eine Skandal-Szene! Ein Bild, das Zerissenheit und Uneinigkeit widerspiegelt, wie sie die gesamte Geschichte der Christenheit begleitet. Und doch auch ein Bild, das dem Konvent der Mönche täglich eine Mahnung war, Jesus die Treue nicht aufzukündigen!

Wenn wir miteinander Abendmahl feiern – in Jesu Gegenwart! – wünschen wir uns eine friedvolle Feier, die Ausdruck der unlösbaren Verbundenheit mit Christus und der Harmonie in unserer Gemeinde sei. (Aber es schmerzt, dass wir noch nicht erlaubtermaßen mit katholischen Gläubigen feiern dürfen!) – Leonardo da Vinci erinnert uns daran, dass »Eintracht«, wie sie im Namen stattlicher Gesangs- und Fußballvereine anklingt, ein seltenes Gut ist. Nicht einmal das letzte Mahl Jesu mit seinen Jüngern stand im Zeichen der Einmütigkeit! – Gewiss kann dies kein Trost für uns sein. Doch ein Grund, die Einheit der Christenheit in Jesus Christus in den Wind zu schlagen, ist damit keineswegs angezeigt: Unterschiede und Brüche, Versagen und Schuld, Misstöne und abweichende Meinungen können auch als »Farbenspiel« auf der bunten Palette angesehen werden, die Gott für »sein« Bild von der Christenheit verwendet. Die eine Taufe, die uns alle zu Gottes Kindern macht, ist Unterpfand der Liebe Gottes, dank des einen Geistes, der uns lenkt und unter uns zu sein verspricht. – Ja, so gewiss Gott in vielen Sprachen angerufen und gelobt werden kann, so gewiss kann Gott auch durch unterschiedliche Bekenntnisse, in vielfältig variierten Gottesdiensten und entlang mancher trockener Kirchenordnungen gesucht und gefunden werden. – Die Menschenfamilie, die Jesus nicht kennt oder kennen will, möge aber doch erfahren: Ein jeder Christ und eine jede Christin lobe Gott mit lauterem Herzen und stets voller Fröhlichkeit!

Kontext

Die von Jesus entfachte endzeitliche Geist- und Sammlungsbewegung als eine Institution in der Zeit – das ist das Dilemma, in dem sich die Kirche befindet. Das macht sie zu einem so zweideutigen Faktum: ein göttliches Unternehmen als menschlicher Betrieb. – Unter theologischem Aspekt betrachtet, ist die Kirche eine Geistgemeinschaft. Gottes Geist ist die Quelle ihres Lebens. Wo der Geist in einer Kirche nicht mehr weht, dort ist sie nicht der Leib Christi, sondern der Leichnam Jesu. Unter soziologischem Aspekt gesehen, ist die Kirche zugleich eine gesellschaftliche Größe und hat als solche teil an den Zweideutigkeiten aller Lebensprozesse: darum die Offenbarung als Tradition, das Wort Gottes als historische Urkunde, die Liebe als Moral, der Heilige Geist als Amtsvollmacht, der Leib Christi als Körperschaft des öffentlichen Rechts, die Nachfolge Jesu als kirchliche Laufbahn, die Wehen der Endzeit als theologische Examina, alles in allem die Himmelsleiter als Kirchenleiter

Aus: H. Zahrnt, Glauben unter leerem Himmel. © Piper Verlag GmbH, München 2000

Tipps zum Text

Unter Hinweis auf das Stichwort »versöhnte Verschiedenheit« kann auch die Ökumene ins Blickfeld der Gemeinde gerückt werden. – Ebenso gut denkbar, wenn Konfirmanden am Gottesdienst teilnehmen sollten: Die Frage der Identität (»Wer bin ich?«; dazu Bonhoeffers Gedicht mit gleichlautendem Anfang). »Zugehörigkeit« ist für (fast) jeden Menschen ein wesentlicher Teil seiner Persönlichkeit (und auch seiner weiteren Reifung). Ausgangspunkt (und auch Zielpunkt) kann dabei die Taufe auf den Namen des dreieinigen Gottes sein. – Als Parallelen für das »Leib-Glieder«-Bild bietet sich an: Orchester – viele Stimmen; ein Team – viele Kämpfenden; eine Firma – viele Arbeitskräfte; ein Bild – viele Farben usw.

22. Sonntag nach Trinitatis
Der 1. Brief des Johannes 2, (7-11) 12-17

Bernd Giehl

Exegetisch-homiletische Skizze

Der erste Eindruck: Hier schreibt einer so etwas wie sein Testament. Und dabei geht es nicht um materielle Dinge, die er seinen Erben hinterlassen will. Vielmehr will der Schreibende Einsichten an die nachfolgenden Generationen weitergeben, die ihm wichtig sind und die auch den Späteren wichtig werden sollen.
So jedenfalls klingt das immer wiederholte feierliche »ich schreibe euch« in den Versen 12–14, die nach meinem Gefühl jedenfalls den Schwerpunkt eines ansonsten wenig homogenen Textes bilden. Inhaltlich geht es um die Frage, die sowohl im Johannesevangelium als auch in den Johannesbriefen eine wichtige Rolle spielt, wie nämlich die Gemeinde Jesu Christi leben kann, wenn ihr Herr nicht mehr unmittelbar anwesend ist. Das Johannesevangelium antwortete darauf in den Abschiedsreden mit dem Begriff des »Bleibens« (in Christus, im Licht, in seiner Liebe).
Das Thema des »In Christus bleiben« scheint mir jedenfalls das Bindeglied zwischen den beiden ansonsten ziemlich heterogenen Abschnitten 1 Joh 2,7–11 und 12–17 zu sein. »Wer ist Christ?« so könnte man diese beiden Abschnitte wohl überschreiben. Der erste Teil (V. 7–11) antwortet darauf: Wer die Brüder (die Geschwister) liebt, der lebt im Lichte Jesu Christi. Der zweite Teil handelt dann von der Gewissheit des Heils. Doch davon später.
Doch zunächst einmal zu den Versen 7–11. Wenn mein Eindruck, hier schreibe einer sein Testament, richtig ist, dann ist das Gebot, das der Verfasser zitiert, etwas Grundlegendes. Warum aber dieses Spiel mit »alt« und »neu«? Ist das Gebot, das der Verfasser offensichtlich als grundlegend und als wichtigstes Kriterium des Christseins empfindet, nun alt oder neu?

Alt ist es insofern, als es schon im Johannesevangelium – vor allem in den »Abschiedsreden« Jesu (Joh 14–16) – genannt wird. »Die Adressaten kannten es von Anfang an« (so Hans Josef Klauck, »Der Erste Johannesbrief. EKK XIII/1, 1991, Seite 121). Fast wörtlich wie hier heißt es zum Beispiel in Johannes 14,15: »Liebt ihr mich, so werdet ihr meine Gebote halten.« Gemeint ist damit nichts anderes als das Gebot, den Mitmenschen zu lieben. Neu ist es insofern für den Verfasser, als mit Tod und Auferstehung Jesu Christi die »Endzeit« angebrochen ist und man sich selbst auf der Seite derer sieht, die gerettet werden. Vermutlich hat Klauck recht, wenn er den Kreis der »Brüder« die zu lieben sind, ziemlich eng zieht. Offensichtlich gibt es in der Gemeinde des »Johannes« – wer auch immer sich hinter diesem Namen verbirgt – Kämpfe um die Rechtgläubigkeit. Wer die Gegner sind, ist nicht mit Sicherheit zu sagen: vermutlich sind es Gnostiker. Ist es überspitzt zu sagen: Es geht darum, die Reihen fest zusammenzuschließen gegen eine feindlich gesinnte Umwelt, in der man nicht nur mit anderen Religionen, sonden auch mit Abspaltungen zu kämpfen hat? Jedenfalls ist der Verfasser ziemlich rigoros: Wer diesem Gebot nicht Folge leistet, befindet sich fernab von Christus. Traf der Vorwurf, in der Finsternis zu sein, im Johannesevangelium nur die »Juden«, so trifft er hier auch die Gegner. Sie sind es jedenfalls nicht, die geliebt werden sollen.

Im zweiten Teil (V. 12–17) geht es nun ebenfalls um die Frage: Wie kann man als Christ leben, wenn Christus selbst beim Vater ist? Hier wird noch einmal ein neuer Akzent gesetzt. Allerdings ist dieser zweite Teil in sich nicht einheitlich. In V. 12–14 wird die Heilszusage an die Christen erneuert, in V. 15 –17 (Warnung vor der Liebe zur Welt) dann aber doch noch einmal relativiert.

Was an diesem zweiten Teil als Erstes ins Auge fällt, das ist die feierliche Sprache. Der, der hier schreibt, benutzt die Sprache der Liturgie, vielleicht auch die der Lyrik. Er sagt nicht einfach nur: Euch sind die Sünden vergeben. Nein, er sagt es feierlich: »Ich schreibe euch, Kinder: Vergeben sind euch die Sünden um seines Namens willen.« So schreibt einer nur dann, wenn ihm das, was er sagen will, sehr wichtig ist. Immer wieder will er unterstreichen, was er zu sagen hat; vermutlich weil er um die Gefahren weiß, denen die zukünftigen Generationen ausgesetzt sein werden.

Aber in dieser Feierlichkeit liegt auch die Gefahr einer gewissen Monotonie. Deshalb wohl auch der Wechsel vom Präsens zum Aorist. Keiner der Kommentare, die ich zu Rate gezogen habe, (Balz/Schrage »Die Katholischen Briefe«, NTD 10, 1973; Hans Josef Klauck, »Der Erste Johannesbrief. EKK XIII/1, 1991) vermutet, dass der Wechsel in der Zeitform mehr als nur rhetorische Bedeutung hat. Auch der Wechsel der Adressaten, die angeredet werden, ist eher eine rhetorische Figur. Die Ratschläge, die der Verfasser gibt, sind nicht passgenau auf die verschiedenen Altersgruppen der Gemeinde zu beziehen. Wichtig ist eigentlich nur, dass der Verfasser sie »ihres Seins im Heil gewiss machen« will. (So Horst Balz in Horst Balz/Wolfgang Schrage »Die Katholischen Briefe«, Seite 173). Die Erlösung ist schon geschehen.
Dennoch folgt nun wieder auf den Indikativ des Heils der Imperativ: »Habt nicht lieb die Welt«. Die Welt verleitet dazu, sich an sie zu verlieren. Wer die »Welt« lieb hat, so meint der Verfasser dieses Briefes, der könne nicht gleichzeitig auch Gott lieb haben. Ähnlich wie im Johannesevangelium so ist auch hier ein scharfer Dualismus zu spüren. Die Erfahrungen des Verfassers spielen hier sicher eine Rolle, der sich nach Ernst Käsemanns Aufsatz »Ketzer und Zeuge« (»Exegetische Versuche und Besinnungen«, Band I, Göttingen 1960) eher am Rande des mainstream befand und sich wohl selbst mit dem Vorwurf der Häresie auseinandersetzen musste. Klauck versucht, diesen Versen ihre Schärfe zu nehmen, indem er argumentiert, nicht die Welt als Ganze werde abgelehnt, sondern nur insofern, als sie den Offenbarer ablehnt, wodurch sie sich gegen Gott verschließe und die Begierde im umfassenden Sinn zum Prinzip ihres Handelns mache. »In einer solchen Welt, in der gnadenlose Praktiken herrschen und Menschen lieblos miteinander umgehen, können die Glaubenden gerade als Liebende kein Zuhause mehr finden.« (»Der erste Johannesbrief«, Seite 145)
Vielleicht gibt es aber – trotz aller Heterogenität des Textes – doch so etwas wie einen roten Faden. »Wer ist Christ?« So habe ich die Leitfrage des ersten Teils beschrieben. Die Antwort war: Wer die Geschwister liebt. Mit dieser Frage – oder vielleicht etwas abgewandelt mit der Frage »Wie kann man als Christ in dieser Welt leben?« befasst sich nun auch der zweite Teil, also die Verse 12–17. Dort wird den Christen die Gewissheit des Heils zugesprochen, aber sie werden zugleich auch ermahnt, sich nicht an die »Welt« zu binden.

Predigtidee

Wie kann man als Christin oder Christ in dieser Welt mit ihren Spannungen leben?

Predigtthema

Finsternis und Licht, das ist wohl noch am ehesten das Thema, für das ich mich in einer Predigt über diesen Text entscheiden würde. Wobei es mir darum geht, den Hörerinnen und Hörern deutlich zu machen, dass die Finsternis tatsächlich vergeht und man dieses Licht sehen kann.

Vorschläge zur Liturgie

Lieder

»Freunde, dass der Mandelzweig« (EG 613, Regionalteil Hessen); »Fürchte dich nicht« (EG 612, ebenfalls Regionalteil Hessen)

Eingangswort

Ich breite meine Hände aus zu dir
meine Seele dürstet nach dir
wie ein dürres Land.
Mein Geist fürchtet sich,
und mein Herz tut mir weh
in meinem Leib.
Ich denke an die früheren Zeiten
und sinne nach über deine Taten. –
Verbirg dich nicht vor mir,
sonst habe ich nur noch
an mein Sterben zu glauben.
Rette mich mein Gott
denn ich hoffe auf dich
in den Händen meiner Feinde.

»Liturgieentwürfe für das Kirchenjahr« der »Beratungsstelle für Gestaltung von Gottesdiensten ...«, Eschersheimer Landstraße 565, 60431 Frankfurt

Schlussgebet

Finsternis und Licht – beides erfahren wir in unserem Leben. Wir freuen uns an den hellen, sonnendurchfluteten Tagen. Aber wir kennen auch die düsteren Stunden, in denen kein Sonnenstrahl durch den wolkenverhangenen Himmel fällt. Tage, in denen es nichts anderes zu geben scheint als Sorgen und Angst.
Gerade dann brauchen wir dich, Gott. Wenn kein Mensch Hilfe weiß. Wenn die nächsten Menschen sagen: »Mach doch kein solch finsteres Gesicht.« Dann komm du uns nahe. Dann lass uns spüren, dass du bei uns bist. Komm, wie eine liebende Mutter, wie ein zärtlicher Vater und lass uns erfahren, dass neue Anfänge möglich sind.

Vorschlag zur Predigt

Möglicher Anfang

Manchmal wache ich mitten in der Nacht auf. Irgendetwas hat mich wach gemacht. Ein Traum kann das gewesen sein, ein ungewohntes Geräusch, was auch immer. Natürlich hoffe ich, dass ich bald wieder einschlafen kann. Die Gedanken kommen und gehen. Das stört mich nicht. Das kenne ich schon. Nach einer halben Stunde bin ich oft wieder eingeschlafen.
Hin und wieder jedoch ist es anders. Dann höre ich die Glocke vom nahe gelegenen Kirchturm. Es schlägt zwei Uhr. Gut, denke ich, dann hab ich noch ein paar Stunden zum Schlafen. Aber dann höre ich es halb drei schlagen, und schließlich schlägt es drei Uhr. Ich möchte gerne schlafen, aber die Gedanken haben ihre Leichtigkeit verloren. Immer mehr düstere Bilder schieben sich dazwischen. Mehr und mehr fange ich an zu grübeln. Am besten wäre es, jetzt aufzustehen und etwas zu lesen, um die Gespenster zu verscheuchen, aber selbst dafür bin ich zu müde.
Vermutlich kennt jeder und jede solche Nächte. Was für ein Glück, dass sie vorübergehen. Am Morgen fühlt man sich wahrscheinlich ziemlich erschlagen, aber man ist doch froh, dass es wieder hell ist und man der gewohnten Tagesroutine nachgehen kann. Das Licht vertreibt die dunklen Gedanken wie harmlose Nachtgespenster.

Zum weiteren Verlauf

Schön, wenn man nicht allzuoft so eine schlaflosen Nacht erlebt. Schön aber vor allen Dingen, wenn das Grübeln sich auf solche Nächte beschränkt und man am Tag unbeschwert und fröhlich seiner Beschäftigung nachgehen kann. Leider gibt es auch die Zeiten, wo es durchaus nicht so ist. Wo einen Sorgen quälen oder wo ein ungelöstes Problem auf die Stimmung drückt. Und manchmal verdüstern solche Probleme den Horizont.

Und dann all die lieben Mitmenschen. »Ach, das ist doch alles nicht so schlimm«, sagen sie. »Keine Sorge, das wird schon wieder.« Oder auch: »Nach Regen folgt Sonnenschein.« Sie meinen es ja wirklich gut. Sie versuchen zu trösten; nur dass solche Floskeln nicht helfen.

Vielleicht kann uns der Predigttext für diesen Sonntag da weiterhelfen. Er sagt es mit ganz schlichten Worten. »Die Finsternis vergeht, und das wahre Licht scheint schon.« Oder auch ein paar Verse später: »Ich schreibe euch, dass euch die Sünden vergeben sind um seines Namens willen.« Kaum ein Wort das so verbraucht und auch missbraucht ist wie das Wort »Sünde«. Es klingt so altväterlich und moralinsauer, dass ich es am liebsten ganz aus der Sprache streichen würde. Wer Sünde hört, denkt sofort an »Unmoralisches«. Und ist damit automatisch nicht betroffen. Gemeint ist aber etwas anderes, nämlich alles, was Menschen von Gott trennt. Das kann Schuld sein, die jemand auf sich geladen hat, das kann aber ebenso gut auch Resignation sein, die sich ins Leben hineingefressen hat, ohne dass man's richtig merkte. Sören Kierkegaard hat im »Begriff Angst« »Sünde« als »Verzweiflung« übersetzt: als verzweifelt man selbst sein wollen oder eben auch verzweifelt nicht man selbst sein wollen. Und die Erlösung ist demzufolge das Aufhören der Flucht vor sich selbst im Annehmen des Glaubens. Meines Erachtens hat Kierkegaard damit genau das getroffen, was Paulus und sicher auch der Verfasser des Johannesevangeliums und der Johannesbriefe mit dem Wort »Sünde« ausdrücken wollten.

Von Martin Luther wird erzählt, dass er immer dann, wenn er in seelische Not geriet, zu sich selbst sagte: »baptizatus sum«. »Ich bin getauft.« Ich gehöre zu Gott. Gott hat mich lieb. Darum muss das, was mich quält, mich nicht niederdrücken und klein machen.

Auch Luthers Morgensegen mit seinen schönen klaren Worten kann uns helfen, die Düsterkeit, die da manchmal in uns ist, zu vertreiben.

»Ich danke dir, mein himmlischer Vater, durch Jesus Christus, deinen lieben Sohn, dass du mich diese Nacht vor allem Schaden und Gefahr behütet hast, und bitte dich, du wollest mich diesen Tag auch behüten vor Sünden und allem Übel, dass dir all mein Tun und Leben gefalle. Denn ich befehle mich, meinen Leib und Seele und alles in deine Hände. Dein heiliger Engel sei mit mir, dass der böse Feind keine Macht an mir finde.« Und dann ergänzt Luther die Worte dieses Gebets: »Alsdann mit Freuden an dein Werk gegangen und etwa ein Lied gesungen oder was dir deine Andacht eingibt.« (zitiert nach »Evangelisches Gesangbuch«, 1994)

Allerdings muss man darauf achten, dass das, was man sagen will, nicht zu dogmatisch klingt. Manchmal befinden sich Menschen in Situationen, wo sie das, was wir eigentlich meinen, nicht hören können. In der Zeit, in der ich dies schreibe, habe ich eine junge Frau besucht, die an mich herangetreten war, weil sie ihr behindertes Kind taufen lassen wollte. Wir hatten den Termin schon länger ausgemacht. Einige Wochen später rief sie wieder an. Vordergründig ging es um die Verschiebung des Termins für das Taufgespräch, weil ihr Mann zu dem Zeitpunkt beruflich unterwegs war. Aber mehr und mehr hörte ich in dem Telefongespräch auch Zweifel heraus. Beim Besuch erfuhr ich dann, dass das Kind schwerstbehindert ist. An dem Tag, an dem mein Besuch stattfand, hatte es alle zehn Minuten einen epileptischen Anfall. Die Mutter kümmerte sich rührend um das Mädchen, aber man merkte auch die Anspannung. Sie erzählte, dass die Ärzte ihr gesagt hatten, ihr Kind werde wahrscheinlich nur vier oder fünf Jahre alt werden; länger hielte das Gehirn die Anfälle nicht durch. Das Kind war anderthalb Jahre alt, aber es konnte nicht laufen, nicht sprechen, nicht greifen. Niemand wusste, ob es sehen konnte oder was es von seiner Umgebung überhaupt wahrnahm. Die Mutter war sehr religiös – sie hatte Mühe, ihre Fragen und Zweifel an Gott überhaupt auszusprechen, aber natürlich waren sie da. Wie kann Gott, der doch die Menschen liebt, einem Kind so etwas Schreckliches antun?

Ich habe dieser Frau keine Antwort geben können. Ich wusste sie einfach nicht. Das Einzige was ich tun konnte, war ihr zu verstehen geben, dass sie sich ihrer Zweifel an Gott nicht zu schämen brauchte. Sie litt unter der Krankheit ihres Kindes und sie litt – als jemand, der sehr religiös erzogen worden war – auch an ihrem eigenen Zweifel. Nur eins konnte ich tun: mit ihr gemeinsam diese Situation aushalten. Nur dann, wenn wir dazu bereit sind, die Dunkelheit des eigenen Herzens und die Dunkelheit im Herzen der anderen auch auszuhalten, sind unsere Worte nicht hohl. Nur wenn wir bereit sind, ein Stück weit mitzugehen in die Dunkelheit der Anderen, können wir auch davon reden, dass die Finsternis ein Ende hat.

Möglicher Schluss

»Die Finsternis vergeht und das wahre Licht scheint schon.« Das ist die Botschaft des Evangeliums in einem Satz. Sonntag für Sonntag wird sie uns gepredigt. Wenn ich eine Antwort auf die Frage geben sollte, warum es wichtig ist, am Sonntag zum Gottesdienst zu gehen, dann würde ich wahrscheinlich auf diese Botschaft verweisen. Die Finsternis vergeht. Das ist eine Botschaft, die nicht so leicht zu glauben ist – wer wollte, könnte eine ganze Menge Dunkelheiten in der Welt aufzählen. Und deshalb ist es so wichtig, dass es die Predigt von Jesus Christus und seinem Heil gibt, die uns immer wieder Mut macht. Natürlich kann man sagen: Die Welt ist schlecht, und ich kann sowieso nichts daran ändern. Aber das hilft niemand weiter: mir selbst nicht und anderen auch nicht.

In einem Lied heißt es: »Einer der sein Kleid abgibt/einem armen Kind/der ist wie ein Tropfen auf den heißen Stein/er kann der Anfang eines Regens sein/er kann der Anfang neuen Lebens sein« (»Singe Christenheit«, Nr. 776). Und ebenso ist es einer, der anderen Mut macht oder sie in ihrem Kummer erträgt und trägt.

Kontext

Jurek Beckers Roman »Jakob der Lügner« fällt mir ziemlich spontan zu diesem Thema ein. In diesem Roman erzählt Becker von einer Gruppe Juden im polnischen Ghetto, die im Begriff sind, jede Hoffnung zu verlieren und sich selbst aufzugeben. Durch Zufall hat Jakob Heym, die Hauptperson des Romans, auf dem Polizeirevier vom Vormarsch der Roten Armee gehört. Genau allerdings weiß er nicht, wo sie sich befindet und wie lang sie noch braucht, bis sie das Ghetto erreicht. Aber seine Leidensgenossen brauchen Hoffnung, damit sie physisch und psychisch überleben. Also erfindet Jakob ein Radio, das er besitzt, obwohl die deutsche Besatzung es streng verboten hat.

Wie zäh die Hoffnung ist, und mit wie wenig sie auskommen kann, macht Becker gleich mit den ersten Sätzen des Romans deutlich:

»Ich höre schon alle sagen: ein Baum, was ist das schon, ein Stamm, Blätter, Wurzeln, Käferchen in der Rinde und eine manierlich ausgebildete Krone, wenn's hoch kommt, na und? Ich höre sie sagen, hast du nichts Besseres, woran du denken kannst, damit sich deine Blicke verklären wie die einer hungrigen Ziege, der man ein schönes, fettes Grasbüschel zeigt? Oder meinst du vielleicht einen besonderen Baum, einen ganz bestimmten, der, was weiß ich, womöglich einer Schlacht seinen Namen gegeben hat, etwa der Schlacht an der Zirbelkiefer, meinst du so einen? Oder ist an ihm jemand Besonderer aufgehängt worden? Alles falsch, nicht mal aufgehängt? ...
Alles falsch, sage ich dann, ihr könnt aufhören zu raten, ihr kommt doch nicht darauf ... Erstens haben Bäume in meinem Leben eine gewisse Rolle gespielt, die möglicherweise von mir überbewertet wird, doch ich empfinde es so. Mit neun Jahren bin ich von einem Baum gefallen, einem Apfelbaum übrigens, und habe mir die linke Hand gebrochen. Alles ist einigermaßen wieder verheilt, doch gibt es ein paar diffizile Bewegungen, die ich seitdem mit den Fingern meiner linken Hand nicht mehr ausführen kann. Ich erwähne das deshalb, weil es als beschlossene Sache gegolten hat, dass ich einmal Geiger werden sollte, aber das ist an und für sich ganz unwichtig. Meine Mutter wollte es zuerst, dann wollte es mein Vater auch, und zum Schluss haben wir es alle drei so gewollt. Also kein Geiger ...
Und jetzt der zweite Grund, warum sich meine Augen verklären, wenn ich an diesen Baum denke, wahrscheinlich oder sogar ganz sicher der Wichtigere von beiden. In diesem Ghetto sind Bäume nämlich verboten (Verordnung Nr. 31: ›Es ist strengstens untersagt, auf dem Territorium des Ghettos Zier- und Nutzpflanzen jedweder Art zu halten. Das gleiche gilt für Bäume. Sollten beim Einrichten des Ghettos irgendwelche wild wachsenden Pflanzen übersehen worden sein, so sind diese schnellstens zu beseitigen. Zuwiderhandlungen werden ...‹).«

Jurek Becker, aus: Jakob der Lügner © Suhrkamp Verlag, Frankfurt 1997, Seite 97

Reformationstag
Der Brief an die Gemeinde in Philippi 2,12-13

Wilfried Lenzen

Exegetisch-homiletische Skizze

Der Gemeinde in Philippi schreibt Paulus aus dem Gefängnis, wo er sich in »Untersuchungshaft« aufhält, denn er hat seinen Prozess noch vor sich. Angesichts der Todesstrafe, die ihn möglicherweise erwartet, erfüllt ihn ruhige Gelassenheit. Um seine Person bangt er nicht. Er ist bereit zu sterben und sein Leben als Opfer für das Evangelium zu bringen (»ob ich auch geopfert werde« 1,17). Mit seinem bisherigen Weg ist er versöhnt, denn er ist überzeugt, »dass ich nicht vergeblich gelaufen bin und gearbeitet habe« (V. 16). Er weiß, dass die Sache des Evangeliums weitergeht und dass er mit Christus verbunden ist und bleibt. Diese Gewissheit erfüllt ihn mit Freude.

Von der Gemeinde in Philippi weiß er, dass sie gehorsam auf dem Weg des Evangeliums geht. Der Anlass des Briefes liegt also nicht in der Sorge um die Gemeinde, sondern in der Anfrage und Sorge der Gemeinde um das Ergehen des Apostels! Der Philipperbrief erinnert an die Form eines antiken Freundschaftsbriefes. Die Paränese hat eher den Charakter positiver Verstärkungen als der Ermahnung und Aufforderung. Sie ist grundsätzlicher Art und sagt etwas von den Überzeugungen des Paulus, die er der Gemeinde als eine Art Vermächtnis weitergibt.

Den Kontext der Predigtverse bildet der paränetische Abschnitt 1,27–2,18. Paulus erinnert die Gemeinde daran, einmütig (1,27; 2,2) zu sein, ein Leben gemäß dem Evangelium zu führen (Trost der Liebe, Gemeinschaft des Geistes, herzliche Liebe und Barmherzigkeit; 2,2). Den anderen in Demut höher zu achten als sich selbst, hebt der Apostel hervor. Diese christliche Tugend erscheint mir wieder aktuell zu sein in einem Zeitalter von narzisstischer Selbstüberschätzung. Sich selbst nicht so wichtig zu nehmen, von sich absehen können, und wieder Respekt und Achtung vor anderen Menschen und ihrem Leben zu gewinnen, sind Tugenden, die heute wieder neu gelernt werden müssen. Paradoxerweise gehört zu dieser Selbstbescheidung das Bewusstsein, etwas Besonderes in dieser Welt zu sein. Daraus kommt die Kraft, Widersachern zu begegnen. Paulus nennt die Gemeinde »Lichter in der Welt« (2,15) »mitten in einem verderbten und verkehrten Geschlecht« (ebd.)

Eingebettet in die Paränese ist der Christushymnus (2,5–11). Nur durch diesen Bezug wird die geforderte Praxis des Paulus für ein christliches Leben verständlich. Auch der Auftrag zur σωοτερία, zur Rettung, zum Heil (Luther übersetzt »selig werden«) soll sich an Christus orientieren (»Ein jeglicher sei gesinnt wie Christus gesinnt war ...«). In Bezug auf ihn sind Gehorsam (2,12), Gottes Wirken in uns, das Wollen und Vollbringen zu verstehen. Denn ohne die Ausrichtung auf Christus, wären die Verse 12 und 13 missverständlich. Es geht eben nicht um irgendeinen Gehorsam gegenüber irgendeiner Autorität, und nicht darum, dass, was immer wir täten, Gott für unser Wollen und Vollbringen zu bemühen. Gott darf nicht für alles und jedes, oder gar für dämonisches Wollen und Wirken in uns reklamiert werden.

Paulus kann sich gegenüber der Gemeinde zurücknehmen. Es kommt nicht auf ihn und seine Anwesenheit oder Abwesenheit an. Seligkeit ist nicht an irgendeinen »Guru« gebunden. Die große Aufgabe kann nur mit großer Ernsthaftigkeit, mit Angst und Zittern angegangen werden.

Paulus weiß, dass das Schaffen der σωοτερία nicht Menschenwerk ist, sondern Gottes Tat in uns. Die paradox anmutende Einsicht gehört zu den Grundüberzeugungen des paulinischen Glaubens: »... von Gottes Gnade bin ich, was ich bin ... Ich habe mehr gearbeitet als sie alle, nicht aber ich, sondern die Gnade Gottes, die mit mir ist.« (1 Kor 15,10) Zu wissen, dass Gott in uns wirkt, entlastet und bewahrt vor Überforderung. Es macht zuversichtlich: »Ich bin der guten Zuversicht, dass der, der in euch angefangen hat das gute Werk, der wird's auch vollführen bis an den Tag Jesu Christi.« (Phil 1,6)

Vom Engagement, vom Zutrauen und von der Freude des Paulus und der grundsätzlichen Zustimmung zur Gemeinde sollte am Reformationstag etwas spürbar sein. Reformationstag ist ein Festtag. Gefeiert werden soll nicht die Spaltung der Kirche, wohl aber ihre Erneuerung aus dem Glauben, dass Gott es ist, der uns gerecht macht, der in uns das gute Werk tut. Zur Festlegende gehört die Erinnerung an den Reformator Martin Luther. Neben die Erinnerung gehört der Blick in die Gegenwart, die Würdigung und Anerkennung dessen, was in der Gemeinde zur »Seligkeit«, zur Rettung und zum Heilwerden geschieht. Und zum Fest gehört der Ausblick: Der Aufruf »Schaffet, dass ihr selig werdet!« ist auch für die Zukunft wegweisend. Menschen brauchen Ziele und Aufgaben, die über das hinaus weisen, was zum Lebensunterhalt nötig ist. Menschen suchen nach Sinn und Sinnerfahrungen, in denen sie der Bestimmung ihres Lebens nahe kommen. Auf dem Markt vieler spiritueller Angebote kann der christliche Glaube Hilfe und Orientierung geben.

Predigtidee

Um »Seligkeit« geht es wesentlich in der christlichen Gemeinde. »Seligkeit« ist ein spirituelles Anliegen und gehört zum Kerngeschäft der Kirche. Insofern ist »Seligkeit« ein Ziel und eine Aufgabe. Seligkeit lässt sich aber nicht »machen, herstellen.« Sie stellt sich ein, wird als Widerfahrnis, als Gottes Gnade und Geschenk erlebt. Ein Versuch: Die Anwendung von Flow-Erlebnissen im selbstvergessenen Tun auf christliches Engagement! – Am Reformationstag soll die christliche Gemeinde in ihrem Tun und Lassen gewürdigt werden, sich ihres Glaubens an den gnädigen Gott vergewissern.

Predigtthema

»Schaffet, dass ihr selig werdet!«

Vorschläge zur Liturgie

Eingangspsalm
Gottes Wort ist wahrhaftig,
und was Gott zusagt, hat Bestand.
Gott liebt Gerechtigkeit und Recht;

und die Erde ist voll der Güte Gottes.
Denn wenn Gott spricht, geschieht's,
wenn Gott gebietet, so ist es wirklich.

Nach Holger Mingram, Psalm 33. Aus: der gottesdienst. Liturgische Texte in gerechter Sprache, Band 3: Die Psalmen. Herausgegeben von Erhard Domay und Hanne Köhler, Gütersloher Verlagshaus GmbH, Gütersloh 1998, Seite 148

(Alternative): Eingangswort

Gott spricht:
»Ich habe euch ein Land gegeben, um das ihr euch nicht gemüht habt,
und Städte, die ihr nicht gebaut habt, um darin zu wohnen,
und ihr esst von Weinbergen und Ölbäumen, die ihr nicht gepflanzt habt.
So fürchtet nun den Herrn
und dient ihm treulich und rechtschaffen.«

Vgl. Jos 24,2.13+14

Eingangsgebet

Gott, barmherzig und mächtig,
du schenkst unserem Leben Ziel und Richtung.
Du willst, dass wir finden, wozu du uns bestimmt hast.
Zur Seligkeit hast du uns berufen.
Den Weg können wir allein nicht gehen.
Von deiner Gnade, von deinem Wort leben wir.
Halte uns fest bei deinem lebendigen Wort und hilf uns,
dass wir es im Glauben ergreifen und mit Taten der Liebe bezeugen.
Durch unsern Herrn Jesus Christus, deinen Sohn,
der mit Dir und dem Heiligen Geiste lebt und regiert von Ewigkeit zu Ewigkeit.

Sündenbekenntnis

Wir rechnen uns unsere Leistungen zugute, lassen uns feiern für unsere Erfolge.
Die anderen, die in unseren Augen nicht genug leisten, klagen wir an
und wir wissen doch wenig von ihnen.
Wir vergessen, dass unser Leben vielmehr aus Geschenken besteht,
die wir deiner Gnade verdanken.

Gnadenzusage

Wir sind allzumal sündig und mangeln des Ruhmes,
den wir bei Gott haben sollten,
und werden ohne Verdienst gerecht aus Gottes Gnade
durch die Erlösung, die in Christus geschehen ist.
Nach Röm 3,23f.

Schlussgebet

Gott,
du bist uns begegnet mit Gnade und Erbarmen.
Mach uns arm im Geiste, offen für dich und selbstlos.
Mach uns ehrlich und reinen Herzens,
dass wir die Zeichen deiner Gegenwart verstehen.
Du hast den Glauben in uns erweckt und uns dein Evangelium zugesprochen.
Lass uns hungern nach Frieden, dürsten nach Gerechtigkeit,
mach uns sanftmütig und bereit zu verzeihen.
Und sei du uns barmherzig.
Lehre uns, einander zu entschuldigen.
Gib uns die Kraft, das Leid der anderen zu tragen.
Wir bitten dich für alle, die Unrecht dulden müssen,
aber auch für jene, die es tun und vermehren.
Wecke in unserer Mitte den Mut und die Kraft,
damit wir dem Hass und der Gleichgültigkeit begegnen können,
sende uns deinen Heiligen Geist, der Licht und Weisheit ist, der lebendig macht,
damit wir in dieser Welt den Weg finden,
den du uns bestimmt hast zu gehen.
Du hast uns das Leben geschenkt.
Mache uns nun auch bereit, es mit anderen zu teilen,
damit unser Glück groß sei.
Beschütze uns vor unserer eigenen Hartherzigkeit.
Halte uns offen für einander.
So wollen wir versuchen, deine Kirche zu sein,
dein Volk, das du dir geschaffen hast und erhältst.
Vater unser …

Liedvorschläge

EG 155: »Herr Jesu Christ, dich zu uns wend ...«
EG 347: »Ach, bleib mit deiner Gnade ...«
EG 295: »Wohl denen, die da wandeln ...«
EG 341: »Nun freut euch, lieben Christen gemein ...«
EG 351: »Ist Gott für mich so trete ...«
EG 362: »Ein feste Burg ist unser Gott ...«
EG 245: »Preis, Lob und Dank ...«
EG 170: »Komm Herr, segne uns, dass wir uns nicht trennen ...«

Vorschlag zur Predigt

Möglicher Anfang

»Schaffet, dass ihr selig werdet!« Dieser Aufruf geht an die christliche Gemeinde. Denn darum geht es in der Kirche Jesu Christi, dass Menschen heil werden, selig werden.
Menschen brauchen eine Aufgabe, ein Ziel, etwas, von dem sie spüren, das es zur Bestimmung ihres Lebens gehört. Wer kein Ziel hat, das Leben nicht mehr ausrichtet, wer in dem, was er oder sie erlebt, keinen Sinn mehr spürt, muss fürchten, sich zu verlieren.
»Schaffet, dass ihr selig werdet!« Das ist das Ziel, die Aufgabe, auf die der Apostel uns hinweist. Und nach seiner Meinung können wir es schaffen. Denn er weiß: »Es ist Gott, der uns selig macht und in uns wirkt, und zwar von Anfang bis zum Ende: Er ist es, der sowohl das Wollen, als auch das Gelingen, das Vollbringen, beides, in uns wirkt – zu seinem Wohlgefallen.«
»Schaffet, dass ihr selig werdet – mit Gottes Hilfe!«– Ein ermutigendes, kraftvolles Wort, das angetan ist, das vielerorts angeschlagene Selbstbewusstsein unter uns Christen zu stärken!
»Schaffet, dass ihr selig werdet – mit Gottes Hilfe!« Das scheint ein passender Aufruf anlässlich eines Festtages zu sein, bei dem es um die Reformierung – die Erneuerung – der Kirche geht.

Zum weiteren Verlauf

Wir erinnern uns an den Reformator Martin Luther. Gerade er hat um die Seligkeit gerungen – mit Ernsthaftigkeit, mit Furcht und Zittern. Am

Anfang stand das Gelübde, Mönch zu werden – gegen den Plan des Vaters. In Todesangst hat der junge Martin in einem Gewitter am 2. Juli 1505 bei Stotternheim der Hl. Anna das Versprechen gegeben, Mönch zu werden, und sich daran gehalten. Als Mönch hat er um einen gnädigen Gott gerungen. »Im Kloster gedacht ich nicht an Weib, Geld oder Gut, sondern das Herz zitterte und zappelte, wie Gott mir gnädig würde!« In diesem Ringen – nahe der inneren Verzweiflung – wuchs die Einsicht: Aus eigenen Kräften vermag ich die Seligkeit nicht zu erringen! Der Mensch kann sich nicht selbst erlösen!

Was ihn schließlich frei machte und mutig handeln ließ, war seine reformatorische Erkenntnis: Es ist Gottes Gnade, die uns gerecht macht, durch Gottes Handeln an uns sind wir gerettete, selige Menschen. Den gerechten Gott erhält er durch den Glauben. Damit wurde die Reihenfolge von Werk und Gerechtigkeit umgekehrt.

Die reformatorische Entdeckung hält eine spirituelle Einsicht fest: Seligkeit ist nicht selbst gemacht, kommt nicht aus Menschenhand. Sie kommt von Gott, ist Widerfahrnis, Geschenk. Das entlastet, macht frei in einer Gesellschaft, in der Leistung scheinbar alles bedeutet. Dem »Schaffen« sind Grenzen gesetzt.

Z. B.: In der Gentechnik werden wir zu Schöpferinnen und Schöpfern, zu »Machern« einer vermeintlich heilen Welt. Die in der Bibel gemeinte Seligkeit entzieht sich dieser Art von »schaffen« und »machen«. Wesentliches kommt uns im Leben von Gott entgegen.

Seligkeit ist auch nicht in den Segnungen einer immer schneller werdenden Welt zu finden. Sie ist nicht durch immer mehr Arbeit, und nicht in immer mehr Reizen und »Events« zu finden. Seligkeit ist kaum in der Beschleunigung, sondern eher in der »Entschleunigung« unseres Lebens zu finden. In möglichst kurzer Zeit möglichst viele Lebensziele zu erreichen – das kann es nicht sein. Immer am Ball, immer in der ersten Reihe – solche Maßstäbe führen zu einer ständigen Überforderung.

Können wir etwas tun, um dem Wirken Gottes in uns Raum zu geben? – Wir brauchen eine neue »Achtsamkeit«, eine Aufmerksamkeit; eine Konzentration, Zeiten in denen wir wieder horchen, lauschen auf das, was Gott uns sagen will. Das lehren uns Mystikerinnen und Mystiker, spirituelle Schulen. Die Bibel hat dieses Hören auf Gottes Wort mit »Gehorsam« in Verbindung gebracht. Nicht autoritätsgelenktes Gehorchen ist gemeint, sondern Hören auf Gottes Wort. Dieser Gehorsam weckt

Fantasie, gibt Gottes Geist Raum, dass er in uns wirke. Es ist gut, wenn wir in unserer Kirche Raum haben, wo wir über Gottes Wort sinnen … (Einkehrtage, Bibelkreise)
Raum für göttliches Wirken in uns wird nicht nur durch Kontemplation und Rückzug aus der Welt gefunden, vielmehr begegnet im christlichen Sinne Gottes Gnade in der Hinwendung zur Welt. (Hierzu kann der Kontext der Paränese herangezogen werden, in dem die Richtung angegeben ist, wie sich die erfahrene Liebe Gottes im Handeln des Christen zeigt. Wer die Seligpreisungen Matth 5,2–10 als Text der Lesung wählt, kann darauf hier Bezug nehmen)
In der Kirche geschieht viel aus selbstloser Liebe. Menschen geben etwas weiter, was sie empfangen haben, sie handeln nicht um des eigenen Vorteils willen. Das soll gewürdigt werden.
Mögliche Beispiele:
In der Hospizbewegung helfen Menschen mit, dass Sterbende würdevoll ihr Leben beschließen. Ihr Handeln verleiht dem christlichen Gebet um ein seliges Ende sichtbaren Ausdruck.
In der Telefonseelsorge geben Menschen Zeit und Kraft und leihen anderen ihr Ohr.
In diesen ehrenamtlichen Diensten findet sich neben anderen Motivationen eben auch diese: »Ich will mich in den Dienst einer Sache stellen und bewusst etwas tun, was nicht die eigene Person in den Vordergrund stellt. Etwas tun, was ganz aus meinem Inneren kommt. Etwas, das nicht verstellt ist durch Geld verdienen müssen. Etwas, das ich aus freien Stücken tue. Etwas einbringen, was nicht dem Verdacht ausgesetzt ist, auf öffentliche Anerkennung und Reputation zu schielen. Etwas in die Welt einzubringen, was ich nicht zurückfordern muss. Indem ich gebe, werde ich reich beschenkt. Es ist etwas Besonderes, diese Aufgabe zu übernehmen. Es liegt eine innere Befriedigung darin, für etwas einzustehen, dessen Wert nicht mit den üblichen Werten in dieser Welt korrespondiert.« Zu erinnern wäre an Menschen, die sich – wenn auch begrenzt für eine gewisse Zeit – einer Aufgabe verschreiben und darin aufgehen mit Freude und Engagement und manchmal mit Geduld und Ausdauer.
Wer eine solche Aufgabe übernimmt, um sein eigenes Glück zu mehren, um selig zu werden, wird möglicherweise tief enttäuscht werden. Es ist wie mit einem Bogenschützen, der an seinen Preis denkt: Er wird

sein Ziel verfehlen. Wer aber ganz in der Konzentration auf seine Aufgabe aufgeht, sich nicht ablenken und irritieren lässt, wird sein Ziel eher erreichen.
Wer seine Anstrengung vergessen kann und offen ist, für das, was er empfängt, wird selbst beschenkt und bereichert. Das selig machende Wissen ist: Ich habe von Gott bekommen, was ich zum Leben brauche. Das macht gütig und barmherzig – auch anderen gegenüber. So kann etwas von Gottes Liebe in der Welt sichtbar werden. Wer weiß, dass Gott ihr und ihm gegeben hat, was sie und er zum Leben braucht, muss sich weniger um sich selbst sorgen, braucht sich weniger zu ängstigen. Glücklich, wer sich selbst nicht immer so wichtig nehmen muss ...
Oft hört man kritisch sagen, Christentum verliere sich in der Mitmenschlichkeit. Und diejenigen, die christliche Nächstenliebe üben, stehen nicht selten in dem Verdacht, an einem »Helfersyndrom« zu leiden. Etwas von der Liebe Gottes mit innerer Freude in diese Welt zu geben, ist längst nicht mehr selbstverständlich in einer Gesellschaft, in der sich antisoziale Tendenzen und Egoismus versteckt und offen ausbreiten. Dies sind die neuen Gesichter eines »verderbten und verkehrten Geschlechts« (Phil 2,15). Demgegenüber ist festzuhalten, was an christlichem Tun wie selbstverständlich in den Gemeinden und in der Kirche geschieht. Auch in einer sozialen Aufgabe aufzugehen kann im Sinne des »flow« (s. Kontext) dargestellt werden, z. B.: die Mutter oder der Vater, die mit ihrem Kind spielen und darin völlige »Seligkeit« erfahren, die Altenpflegerin, die beim Schreiben eines Briefes hilft, die Zeit für einen liebevollen Blick hat. In solchen Augenblicken liegt tiefe innere Befriedigung, in der auch eigenes Leben und Zeit als Geschenk erfahren wird. Erlebe ich darin die Liebe Gottes und wird sie mein Tun prägen? Menschliches Leben enthält immer die Möglichkeit von Scheitern und Gelingen. Leben ist ein Wagnis, zu dem »Furcht und Zittern« gehören.

Möglicher Schluss

Schaffet, dass ihr selig werdet! Vergesst also nicht, wozu Christus in die Welt gekommen ist, nämlich »selig zu machen, was verloren ist.« (Luk 19,10) Und achtet in eurem Tun und Lassen, was Gott euch Gutes getan hat!
Reformation – Erneuerung unserer Kirche – ist kein einmaliges abgeschlossenes Ereignis, sondern ein andauerndes Geschehen (ecclesia

semper reformanda). Dazu gehört die fortwährende Achtsamkeit auf Gottes Liebe, die wir erfahren – in unserem Tun und Lassen. Dazu gehört es, die Freude täglich neu zuzulassen, etwas von der erfahrenen Liebe Gottes Menschen weiterzugeben. Indem wir so bei der Sache sind, brauchen wir uns nicht um uns zu sorgen, nicht um unsere Seligkeit, nicht um unsere Kirche. Gott selbst wird uns und sie erhalten. Gott wird zu unserer Seligkeit und seinem Wohlgefallen in uns wirken und unser Wollen und Vollbringen bewirken. Wir sollen vertrauen auf das, was der Apostel Paulus am Anfang des Briefes an die Philipper schreibt (Phil 1,6): »Ich bin der guten Zuversicht, dass der, der in euch angefangen hat das Werk, der wird's auch vollführen bis an den Tag Jesu Christi.«

Kontexte

Von der fernöstlichen Tradition wird das Abendland an die zentrale Bedeutung der »Achtsamkeit« erinnert. Gemeint ist die absichtslose Aufmerksamkeit auf den jeweils gegenwärtigen Augenblick ... (Diese Tradition) ist vom grundsätzlichen Vertrauen beseelt, alles, was wirklich ist und der Mensch tatsächlich so wahrnimmt, wie es ist, habe ihm etwas Inspirierendes und Wegweisendes zu sagen.
Der jüdisch-christlichen Tradition ist diese Vorstellung nicht fremd. Sie hat es von alters her auf den Begriff des »Gehorsams« gebracht. »Gehorsam« stellt ursprünglich die Fähigkeit zum genauen Hinhören, zum aufmerksamen Hinhorchen dar – meint also ebenfalls höchste Achtsamkeit –, und sodann die Bereitschaft, sich vom Gehörten etwas sagen zu lassen und sich danach auszurichten.

Bernardin Schellenberger, Welcher Glaube Zukunft hat – Plädoyer für eine Spiritualität, die an der Zeit ist, aus: Hofmeister, Bauerochse, Die Zukunft der Religion, Würzburg 1999, Seite 209.

Stellen Sie sich vor, Sie wedeln einen Berg hinunter: Sie konzentrieren sich auf ihre Bewegungen, die Position der Skier, den Luftstrom, der Ihnen am Gesicht vorbeipfeift, die vorbeihuschenden schneebedeckten Berge. In Ihrem Kopf ist jetzt kein Raum mehr für Konflikte und Widersprüche. Immerhin könnte ein ablenkender Gedanke oder ein ablenkendes Gefühl dazu führen, dass Sie kopfüber im Schnee landen ... Sie finden Ihre Abfahrt absolut phantastisch und möchten nur eines: dass sie ewig dauern möge und Sie völlig in diese Erfahrung eintauchen können.
Wenn Ski laufen Ihnen nicht viel bedeutet, stellen Sie sich einmal andere Aktivitäten vor, in die man »eintaucht«: ... Chor singen ..., programmieren, schwierige chirurgische Operation durchführen ... Dieses völlige »Aufgehen« in einer Tätigkeit kann auch während sozialer Interaktion stattfinden, beispielsweise wenn sich gute Freunde unterhalten oder eine Mutter mit ihrem Kind spielt ... Im Unterschied zu dem, was uns oft im Alltag widerfährt, befinden sich unser Fühlen, unser Wollen und Denken in diesen Augenblicken in Übereinstimmung. Diese ungewöhnlichen Momente habe ich flow-Erlebnisse oder -Erfahrungen genannt.

In der Regel entsteht flow, wenn wir unsere Fähigkeiten voll einsetzen, um eine Herausforderung zu bestehen ... Sportler nennen diese Erfahrungen »an die Grenze gehen«, Mystiker sprechen vom Zustand der »Ekstase« ...

Mihaly Csikszentmihalyi, Lebe gut! Wie Sie das Beste aus Ihrem Leben machen können, Klett Cotta, Ohne Ort und Jahr, Seite 44–46

Das Leben besteht nicht im Ruhen, sondern in der Wandlung vom Guten zum Besseren.
Wenn du anfängst nicht noch besser werden zu wollen, hörst du auf, überhaupt gut zu sein.

M. Luther, Epistola ad Romanos, Hermann Kunst: Martin Luther, Stuttgart, 1982, Seite 403

Je mehr einer in der Gnade zugenommen hat, um so weniger rechnet er sich das als seinen eigenen Erfolg zu.

M. Luther, Randbemerkungen zu Anselmi opuscula und zu Johannis de Trittenhem liber lugubris de Statu ruina monastici ordinis, ebd.

»Dienet dem Herrn mit Furcht / und küsst seine Füße mit Zittern«

Ps 2,11

»Der Gott aber des Friedens ... mache euch tüchtig in allem guten, zu tun seinen Willen, und schaffe in uns, was vor ihm gefällig ist durch Jesus Christus.«

Hebr 13,20

Gestaltungsidee

Texte aus der Reformationszeit, Berichte oder aus Werken Martin Luthers lesen als Introitus oder anstelle der Lesung.

Tipps zum Text

Mihaly Csikszentmihalyi, Lebe gut. Wie sie das Beste aus ihrem Leben machen können, Klett – Cotta, o. J.

Mihaly Csikszentmihalyi, Das Flow – Erlebnis. Jenseits von Angst und Langeweile: im Tun aufgehen, Klett – Cotta, o. J.

Sören Kierkegaard, Furcht und Zittern, 1967

Luthers Rede auf dem Reichstag zu Worms 1521

23. Sonntag nach Trinitatis
Das 1. Buch Mose 18,20–21.22b–33

Hartmut Stuber

Exegetisch-homiletische Skizze

Nun ist es also gefallen, das alte deutsche Rabbatgesetz. Doch Kunden und Händler sind skeptisch. Hartnäckiges Feilschen wird deshalb kaum an den Ladentischen Einzug halten. Das sei, so hört man, eher orientalisch und unserem Naturell nicht entsprechend. Vielleicht betrachten wir deshalb jenes Feilschen des Abraham mit Verwunderung und Erstaunen. Da will einer den »Preis«, den Gott festgelegt hat nicht akzeptieren. Gehört sich so etwas? Ist doch klar, dass die in Sodom »bezahlen« müssen. »Billig« ist Gottes Gerechtigkeit nicht zu haben.
Hinter dem Handel zwischen Gott und Abraham verstecken sich eine Reihe von nicht nur damals drängenden Fragen. Doch all die Fragen ordnen sich dem Ziel Abrahams unter: Menschen zu helfen, sie zu retten. Abraham, der ja ein Segen sein soll, wird zum »Erfinder« der Fürbitte.
Um dies zu erkennen, gilt es den Blick zuerst zu weiten. Die Perikope des Sonntags steht im Zusammenhang der Kapitel 17–19 des 1. Mosebuches. Dort werden Ereignisse der Urgeschichte nochmals in den »individuellen« Rahmen der Abraham- und Loterzählungen eingebracht. Für unseren Abschnitt sind dies insbesondere Gottes Entscheidung zur Vernichtung (vgl. Gen 6,7), sein Hinabsteigen zur Erde (vgl. Gen 11,5), und im Ergebnis die Vernichtung der vielen und die Bewahrung des einen Gerechten (Lot wie Noah, Gen 6,8). Gottes Beziehung zur Schöpfung als Ganzes wird nun auf die Lebensumstände des einzelnen Menschen hin reflektiert. Grundlegender Unterschied zum Geschehen in der Urgeschichte sind dabei nicht Ergebnis oder Vorgehensweise, sondern die Möglichkeit des Menschen hier mitzuwirken: durch seine Fürbitte.

Diese Möglichkeit wird freilich von Gott her eröffnet. Der Bund mit Abraham (Gen 17) begründet ein partnerschaftliches Verhältnis, welches Gott in einer Selbstreflexion im Hinblick auf die Vernichtung Sodoms nochmals verdeutlicht (Vers 17–19). Gott redet mit Abraham wie mit einem Freund (Gen 33,11), vor dem man nichts verbergen will.
Darum erläutert Gott zu Beginn der Perikope sein Vorgehen. Klagegeschrei ist laut geworden über Sodom und Gomorra. Zwei Städte, die nicht mehr eindeutig zu lokalisieren sind, deren Bewohner aber überall anzutreffen sind, ob in Jerusalem (Jes 1,10) oder in unserer Stadt. Über deren Sünden werden keine Angaben gemacht. Ein nachgereichtes drastisches Beispiel (Kap 19,4–10) zeigt exemplarisch am Hass gegenüber den Fremden, worum es geht. Fundamentales Gottesrecht wird gebrochen: die Gerechtigkeit Gottes ist bedroht. Das Klagegeschrei der Opfer lässt Gott die Täter in Blick nehmen. Jetzt »will er's wissen«!
Und auch Abraham will es wissen; will wissen, wie es um die Gerechtigkeit Gottes bestellt ist. Dabei ist das folgende Gespräch nicht zweckfreier Diskurs zum Thema, sondern ein Gebet; Fürbitte für die Stadt der Verlorenen. Schon die Bewegung zu Beginn zeigt dies. Abraham »steht vor Gott«, ja er »tritt an ihn heran« (Vers 23), um mit seinem Anliegen Gott ganz nahe zu sein.
Gleich zu Beginn nennt er Thema und Ziel seines Gebets.
Das Thema ist die Gerechtigkeit Gottes, des »Richters der Welt« (V. 25), die sich am Ergehen von Gerechten und Gottlosen bewähren soll. Der Tun-Ergehn-Zusammenhang ist für Abraham unstrittig. Eigentlich ist klar: die Gerechten sollen leben, die Gottlosen müssen sterben. In einer universellen, und hier lokalen Schicksalsgemeinschaft muss dieses Prinzip wegen der Gerechten, zugunsten der Gottlosen durchbrochen werden. Die Gerechten retten die Gottlosen.
Denn dies ist Abrahams Ziel: die Rettung aller. Nicht sein Neffe Lot, nicht die Gerechten; der ganze Ort soll gerettet werden. Gerettet durch Vergebung (Vers 24), die die Gerechten durch ihr Tun und Abraham durch sein forderndes Gebet von Gott erbitten. Fordernd und hartnäckig ist der Beter Abraham. Vielfältig sind seine Mittel. Er argumentiert (V. 24), er stellt rhetorische Fragen (V. 25), er gebraucht Demutsformeln (V. 27,30) und gibt sich nicht zufrieden (Gott bricht das Gespräch ab!). Doch ist solches Handeln (unser schwäbisches Wort »händeln« trifft es noch besser, da es die Bedeutung von »rechten« und »streiten« in sich

trägt) wirklich Gebet? Wer da zweifelt, möge auf Hiob und Jona hören und auf die Klagegebete all derer, die das bittere Schicksal eines Gerechten zur Sprache bringen.

Das Faszinierende an diesem Gebet jedoch sind die Antworten Gottes. Er lässt sich – immer wieder – auf Abrahams Argumentation ein. Dabei behält er die grundlegende Initiative. Denn wo ein Mensch für seine Mitmenschen eintritt, da hat Gott sich schon lange zuvor (auch bei Abraham im Bundesschluss) in die Geschichte der Menschen hineinbegeben. Abrahams Fürbitte ist Konsequenz aus seinem Gesegnetsein. Abraham will sich nicht von den Gottlosen absetzen, er kommt ihnen im Gebet nahe. Er gewinnt im Gebet die Ausdauer und den Mut im Gebet zu bleiben. Hier zeigt sich eine Kraft, die der Fürbitte innewohnt: die Kraft, die einen »dranbleiben« lässt: an Gott und an denen, die verloren scheinen.

Doch auch die Grenze der Fürbitte erhält ihr Gewicht im Text. Mit Gott kann man rechten, aber er bleibt der Richter (was Abraham auch anerkennt). Seine Definition von Gerechtigkeit entscheidet. Der Text lässt diese Entscheidung noch offen. Wir kennen sie jedoch: Sodom geht unter und Lot wird gerettet (Kap 19,23 f.) Letzteres geschieht ausdrücklich in Bezug auf das Gebet Abrahams (19,29!). Und doch ist Gottes Gerechtigkeit eine, die sich nicht auf Zahlenspiele einlassen will. Lot, der eine Gerechte in Sodom, er kann nicht alle retten, denn so sagt es Abraham, ein Gerechter darf nicht für alle leiden. Dass ein Gerechter für alle leiden muss (Jes 53 und das Neue Testament), ist hier noch eine fremde Gerechtigkeit. Doch es ist Gottes Gerechtigkeit, weil sie die Rettung aller zum Ziel hat.

Menschen, die sich von Gottes Gerechtigkeit bewegen lassen und nach dieser Gerechtigkeit in der Welt fragen, werden immer auf die Fürbitte stoßen. Unser Text ist eine Ermutigung dazu, dort wo Rettung nötig ist drängend, fordernd, bittend, klagend und rechtend mit Gott zu reden. Auch bewahrt der Text davor, selbstgerecht über den »gottlosen« Dingen der Welt zu thronen. Wer für Gottes Recht eintritt, kennt zwar Gute und Böse, hat aber alle im Blick. Wenn der 23. Sonntag nach Trinitatis »die Kirche in der Welt« thematisiert, dann tun wir gut daran an diesem Sonntag an ihre Aufgaben in der Welt zu erinnern. Die vornehmste und dringlichste ist dabei die Fürbitte für unser »Sodom und Gomorra«.

Predigtidee

Sodom und Gomorra heute: Wir sprechen kein Urteil – wir beten.

Predigtthema

Die Fürbitte

Vorschläge zur Liturgie

Votum
Wir feiern Gottesdienst,
im Namen des Gottes, der Gerechtigkeit liebt,
im Namen Jesu Christi, der Gerechtigkeit lebt,
im Namen des Heiligen Geistes, der zur Gerechtigkeit leitet.

Lesung
1 Tim 2,1–6a
oder Joh 17,15–26

Psalm: Ps 19 oder Ps 67

Gebet

Gott der Gnade und Gerechtigkeit,
wir kommen zu dir,
kommen dir nahe,
weil du uns nahe bist.

Wir kommen zu dir
mit dem, was uns nahe geht,
was uns bewegt und beschäftigt.

Lass uns erfahren,
dass deine Nähe ins Weite führt
und verwandelnde Kräfte weckt.

Wandle durch dein Wort
unseren Dank in Anbetung
unsere Bitte in Fürbitte.

Lieder

EG 326 Sei Lob und Ehr dem höchsten Gut
EG 415 Liebe, du ans Kreuz für uns erhöhte
EG 428 Komm in unsre stolze Welt
EG 430 Gib Frieden, Herr, gib Frieden
EG 618 (Württemberg) Wenn die Last der Welt dir zu schaffen macht
EG 658 (Württemberg) Lass uns den Weg der Gerechtigkeit gehn

Fürbittengebet

Gott, der du mit dir reden lässt
wir wagen es dir dreinzureden
und fragen:
Warum werden Frauen geschlagen und vergewaltigt in unserer Stadt
warum Fremde mit Füßen getreten in unserem Land
warum verkaufen Kinder ihre Körper in unserer Welt.
Wir bitten dich:
wehre den Machtgelüsten der Hilflosen
dem Hass der Herzlosen
der Gier der Gewissenlosen
und lass uns den Opfern nahe sein

Gott, der du mit dir reden lässt
wir wagen es dir dreinzureden
und klagen:
Wo bleibt die Liebe zwischen Nachbarn
die Gerechtigkeit im Steuersystem
der Frieden auf der Welt
wir bitten dich:
um Mut zur Vergebung
um Willen zum Teilen
um Kraft zum Brückenbau

Gott, der du mit dir reden lässt,
rede zu uns in deinem Wort,
bewege uns und diese Welt.

Als gesungene Fürbitten eignen sich:
EG 192 Litanei
EG 423 Herr höre, Herr erhöre
Einbringen von Fürbitten aus der Gemeinde (siehe Gestaltungsidee, Aktion)

Vorschlag zur Predigt

Möglicher Anfang
Hier geht's ja zu wie in Sodom und Gomorra! Ein Satz, der uns immer wieder mal über die Lippen kommt. Ganz Unterschiedliches kann damit gemeint sein. Das unaufgeräumte Kinderzimmer, die Drogenszene am Hauptbahnhof, die Love-Parade in Berlin ... Zumeist bezeichnen wir mit diesem Etikett einen Zustand, der uns zuwider ist; der uns nicht passt. Und in dieser Bewertung schwingt sogleich der unausgesprochene Wunsch mit, das solchermaßen Beschriebene möge das gleiche Schicksal erleiden wie jene biblischen Städte. Feuer soll vom Himmel fallen und »unser« Sodom und Gomorra vernichten. Ein Problem weniger.
Ob unsere Beispiele eine Verbindung haben zu dem, was damals ein wahrhaft »himmelschreiendes« Unrecht war, ist allerdings zweifelhaft. Zuwenig wissen wir von den Zuständen in den untergegangenen Orten. Lediglich eine kurze Geschichte wirft ein bezeichnendes Schlaglicht auf deren Bewohner. Als Lot, der Neffe Abrahams, dort Fremde gastfreundlich aufnimmt, versammelt sich eine Horde Männer vor seiner Tür und will über die Fremden herfallen. Sie bedrohen auch Lot, der selbst ja fremd in dieser Stadt ist.
So also ging es in Sodom zu. Doch seltsam, wenn in unserer Stadt Ausländer gejagt und Fremde angepöbelt werden, ist selten von Sodom und Gommorra die Rede. Wir sind doch nicht dort zuhaus, wo die Sünde zum Himmel schreit. »Sodom und Gomorra«, das ist bei uns zum Fingerzeig auf die anderen geworden, mit denen wir nichts zu tun haben. Allzu schnell kann man so in der Ecke der Selbst-Gerechtigkeit landen.
Doch man kann sich auch auf ganz andere Weise mit Sodom und Gomorra auseinandersetzen. Abraham, der Zeitgenosse tut dies im Gespräch mit Gott, der ihm nicht verheimlichen will, was er vorhat. (Textlesung)

Zum weiteren Verlauf

Nun muss Abrahams Blickwinkel genauer betrachtet werden. Was will Abraham? Rettung. Sein Ziel ist identisch mit Gottes endgültigem Ziel. Er verdrängt das Problem »Sodom und Gomorra« nicht oder will es schnell verdrängt und vernichtet haben, sondern er macht es zu seiner Sache in Auseinandersetzung mit Gott.

Wer Rettung will, der muss zwangsläufig alle im Blick haben: Schläger und Geschlagene, Täter und Opfer, Ungerechte und Gerechte. An den eingangs erwähnten, aber auch an anderen Beispielen wäre dies in seinen Konsequenzen zu beschreiben. Dabei wird auch der Unterschied in der Vorstellung von Gerechtigkeit zur Sprache kommen. Zielpunkt ist dabei die Gerechtigkeit Gottes, die sich auch erbitten lässt.

Deshalb sollte im nächsten Schritt die Form des Gesprächs mit Gott erörtert werden. An der Form des Gesprächs aufzeigen, warum sich ein Gebet dahinter versteckt. Das offene »Du«, bei aller Demutshaltung; die gesuchte Nähe zu Gott; die Klage um Unschuldige; das fordernde Bitten oder das Verhandeln in Begriffen von Recht und Gerechtigkeit: All das kann dazu dienen, die Formen, aber auch die Chancen und Grenzen des Betens deutlich zu machen.

Auf der inhaltlichen Ebene rückt dabei die Fürbitte in den Vordergrund. Die Fürbitte als sprachliches Handeln, das über sich selbst hinaus weist auf Gott und den Nächsten hin. Die Fürbitte, die selbst nicht unberührt bleibt von der Bitte für andere. Auch soll zur Sprache kommen, wo und warum Fürbitte uns schwer fällt; wen wir da gern einbeziehen und wen wir außen vor lassen.

Hier wäre es durchaus möglich, die Gemeinde selbst Fürbitten verfassen zu lassen, die später im Fürbittgebet vorgetragen werden.

Schließlich ist noch zu klären, wen Abraham in seinem Handel mit Gott anbietet: die Gerechten. Menschen also, die im Versuch leben den Willen Gottes auch zu tun. Der nicht nur von Bonhoeffer gesehene Zusammenhang zwischen Beten und Tun des Gerechten erscheint hier nochmal in ganz neuem Licht. Nicht nur das Tun bezieht seine Kraft aus dem Gebet, sondern das Tun fließt selbst wieder ins Gebet ein. Die Gerechten und ihr Tun sind ein Argument, auf das Gott sich einlässt. Die Bedeutung der Gerechten ist daher nicht gering zu schätzen. Man sollte von ihnen erzählen. Gerade von denen, die sonst nicht von sich Reden

machen, die es aber auch in der eigenen Gemeinde gibt. Es gibt beides um uns herum: Sodom und die Gerechten.
Doch mögen es auch mehr als der eine in Sodom, sogar mehr als die Mindestzahl von zehn Gerechten sein: Rettung ist durch sie nicht möglich; muss auch nicht möglich sein. Denn Rettung ist geschehen durch den einen Gerechten, durch Jesus Christus. Von ihm muss noch die Rede sein, um nicht in Selbst-Gerechtigkeit stecken zu bleiben; um von seiner Fürbitte her (Johannes 17) zur eigenen Fürbitte zu finden.

Möglicher Schluss

Wie die Geschichte mit Sodom und Gomorra ausgegangen ist, wissen wir ja alle. Feuer fiel vom Himmel und vernichtete die Städte. Nützt die intensive Fürbitte Abrahams also doch nichts? Ist alles Beten vergeblich, wo Unrecht an der Tagesordnung ist? Nein, denn das Feuer vom Himmel ist nicht das Ende.
»Gott dachte an Abraham und führte Lot aus den Städten, die er zerstörte«, heißt es ganz am Ende der Geschichte. Wie Noah nach der Sintflut, reicht auch hier ein Gerechter um zu garantieren, das es weitergeht. Um Rettung für alle zu ermöglichen, ist Gott allerdings einen anderen Weg gegangen. Ein Weg, der uns verpflichtet und errettet.
Sodom und Gomorra gibt es nicht mehr. Die Städte von damals sind nicht mehr zu finden. Dort, wo wir sie heute zu erkennen meinen, da fordern sie uns zur Fürbitte auf. Eine Fürbitte, die laut werden soll und zur Tat werden will. Eine Fürbitte, die jedoch schon längst erhört wurde, in dem einen Gerechten, der für alle gestorben ist.

Gestaltungsidee

Teil der Predigt könnte das Schreiben von Fürbitten sein, die beim anschließenden Fürbittgebet verwendet werden.

Symbole, Aktionen

Um das Sprechen der Fürbitten für mehr Menschen zu ermöglichen, kann als Fürbitte ein Licht am Altar entzündet werden. Nach einer Gebetseinleitung kommen die Menschen nach vorn, entzünden ein (Tee-) Licht am Altar, stellen es ab und sagen dabei: »Ein Licht für ...«

Kontexte

Was nötigt uns, alle die scheußlichen Fehler, die menschliche Väter machen, Gott anzulasten? Seit Jesus wissen wir, dass »Vater« nicht patriarchalische Vorherrschaft, Alleinherrschaft, fernes Thronen im Himmel, einsam verfasste Beschlüsse meint. Im Beten für andere entsteht das Verbindungsnetz der Liebe, ist Gott an der Arbeit unter uns, beginnt »Himmel auf Erden«. Denn wo Gott ist, ist Himmel – nicht umgekehrt. Die Arbeit ist erheblich. Von Generation zu Generation ist das Verbindungsnetz neu aufzubauen oder zu flicken. Was wie Kleinkram aussieht, ist die Anmeldung einer großen Hoffnung, zu der ich keine Alternative kenne. Darum kann ich mir menschliches Zusammenleben ohne Beten kaum vorstellen.

Hans-Jürgen Schulz: Im Blickpunkt: Beten. Berlin 1982, Seite 76

Der Gerechte leidet unter der Welt, der Ungerechte nicht ... Er leidet darunter nicht nur weil es für ihn eine Entbehrung bedeutet, sondern weil er etwas Ungöttliches darin erkennt ... Die Antwort des Gerechten auf die Leiden, die ihm die Welt zufügt heißt: Segnen. Das war die Anwort Gottes auf die Welt, die Christus ans Kreuz schlug ... So tun wir es mit der Welt, die uns solches Leiden zufügt. Wir verlassen sie nicht, wir verwerfen, verachten, verdammen sie nicht, sondern wir rufen sie zu Gott, wir geben ihr Hoffnung, wir legen die Hand auf sie und sagen: Gottes Segen komme über dich, er erneuere dich, sei gesegnet, du von Gott geschaffene Welt, die du deinem Schöpfer und Erlöser gehörst.

Dietrich Bonhoeffer: Predigten, Auslegungen, Meditationen 2, 1935–1945, KT 159. Chr. Kaiser/Gütersloher Verlagshaus GmbH, Gütersloh 1998, Seite 466 f.

Tipp zum Text

Bertold Brecht: Der gute Mensch von Sezuan

Sodom heißt Sezuan. Und Shen-Te scheitert mit ihrem Bitten und Tun. Auch weil die Götter entschwinden. Ein Stück, das einen anderen Schluss will: »Verehrtes Publikum, los, such dir selbst den Schluss! Es muss ein guter da sein, muss, muss, muss!«

Bertold Brecht: Der gute Mensch von Sezuan. Berlin 1955. Seite 144

Drittletzter Sonntag des Kirchenjahres
Der 1. Brief an die Gemeinde in Thessalonich 5,1-6 (7-11)

Klaus Reblin

Exegetisch-homiletische Skizze

Nirgendwo wird der garstige Graben zweier Jahrtausende, die uns vom Neuen Testament trennen, so spürbar wie bei eschatologischen Texten. Eschatologische Erwartungen sind uns ebenso fremd geworden wie apokalyptische Bilder. Wir berechnen nicht mehr das Ende aller Dinge, und göttliche Eingriffe ins Weltgeschehen scheiden für uns aus. Wenn wir überhaupt über ein mögliches Weltende sprechen, dann stets in einem immanenten Horizont. Doch selbst immanente Weltuntergangsprognosen finden nur geringes Interesse. Uns treiben vielmehr Fragen des individuellen Lebenszuschnitts um. Das eigene Sterben liegt uns näher als das Ende der Welt und die Wiederkehr Christi zum Jüngsten Gericht. Und so sagt Dorothee Sölle in ihrem Jesus-Gedicht »Wenn er wiederkommt«: »Ich kann es dir nicht versprechen / ich habe keine anhaltspunkte dafür / ich beobachte die illusionen der sekten mit trauer und gedenke meiner väter mit spott.« (Meditationen und Gebrauchstexte, Seite 6)

Soll aber dennoch über eschatologische Texte gepredigt werden, so ist zunächst nach deren einstiger Funktion zu fragen. In 1 Thess 5 sind die eschatologischen Aussagen von großer Schlichtheit und bedenkenswerter Zurückhaltung. Es geht im Grunde nur um das »Dass« der Parusie und deren Funktion (Vers 10 b und c). Sofern dieses »Dass« aber Attribute erhält, nämlich eines weder einplanbaren noch ausplanbaren, also unvermuteten und unentrinnbaren göttlichen Handelns (Vers 2 f.), dienen sie ausschließlich der Präzisierung und Sicherung der Funktion, die die Eschatologie als ganze in diesem Text hat, nämlich der Begründung der Paränese im Sinne ihrer Dringlichkeit. Eschatologie ist für Paulus funktionale Eschatologie. Als solche aber ist sie nicht auf Weltflucht aus, sondern auf weltliches Handeln (Vers 6 b,8, vor allem aber 11). Helmut Gollwitzer: »Die Fragen an die Zukunft werden von Paulus in Fragen an unsere Gegenwart, an uns als die Gegenwärtigen verwandelt.« (GPM 52/53, Seite 262)

Für Paulus wird die Paränese dringlich, weil er die Wiederkehr Christi in allernächster Zukunft erwartet. Da aber eine Eschatologie in der Form der Parusie heute nicht mehr die Funktion erfüllt, die sie im Text hat, stellt sich die Frage, welches andere eschatologische Ereignis verbindliches weltliches Handeln dringlich machen könnte. Bereits Friedrich Schleiermacher hat – in einer Predigt über unseren Text! – darauf hingewiesen, dass für uns heute der Tod dieselbe Funktion habe wie dereinst das nahe Wiederkommen Christi: »Uns aber ... ist dieses weit aus den Augen berückt. Aber doch gehen auch uns des Apostels Worte nicht minder nahe an als die damaligen Christen. Denn was für jene ihrer Meinung nach die Wiederkunft des Herrn sein sollte, das ist für uns alle der Augenblick des Abschiedes aus diesem Leben.« Beim Bild vom Kommen des Diebes in der Nacht (Vers 2) komme es darum »in Beziehung auf unsere gegenwärtigen Verhältnisse« darauf an, »ob der Tod uns erscheint wie eine unwillkommene und räuberische Gewalt, ... oder ob wir unsere Zustimmung dazu geben, vonhinnen zu scheiden.« (Predigten, Band 4, 1844, Seite 219 ff.)

Ich neige im Gefolge des heute fast vergessenen Programms der Entmythologisierung (Rudolf Bultmann, Neues Testament und Mythologie, in: Kerygma und Mythos, Band 1, Seite 30) auch zu einer existentialen Interpretation des »Tages des Herrn« auf den individuellen Tod. Mir geht es um den immanenten Lebenszusammenhang, um ein Leben freilich, das seiner Grenze gewahr wird und sich ihrer immer bewusst bleibt. Die Todesgrenze ähnelt auch in Details dem »Ende aller Dinge«: Sie ist ungewiss, übermächtig, bedrohlich. Der Tod ist also als eschatologisches Ereignis verstanden, das es dringlich macht, das Leben auf »das Letzte« hin zu gestalten, einzurichten, als ein Ereignis, das zu nüchterner Planung ruft (Vers 6), weil alle Zeit im Verstreichen verfällt. Ziel einer so verstandenen Eschatologie ist nicht eine ferne Zukunft, sondern das uns gewährte, gegenwärtige, unwiederbringliche und darum unendlich kostbare Leben (Schleiermacher spricht vom »vollen, ungekürzten und gewiss auch gesegneten Leben«). Übrigens hat die eschatologische Deutung des Todes weit zurückreichende Wurzeln. Schon beim Kirchenvater Johannes Chrysostomus findet sie sich: »Wenn die Todesfurcht hereinleckt und wie eine Flamme den alten Leichtsinn verzehrt, dann zwingt sie die Seele zum Nachdenken. Da hat es ein Ende mit der Erwerbslust, da ist es aus mit der Geldgier, aus mit dem sinnlichen Trieb. Das alles verzieht sich wie Wolken, und in der reinen Klarheit steht die vernünftige Erwägung da.« (Homilie zu 1 Thess 5, in: Texte der Kirchenväter, Bd. 2, Seite 318).

Natürlich bin ich mir im Klaren, dass die Menschen heute auf das Thema Tod nur bedingt ansprechbar sind. Umso wichtiger ist es, ihre Offenheit am Ende des Kirchenjahres zu nutzen: Wer in diesen Wochen die Gräber seiner Verwandten und Freunde besucht und pflegt (»Kleingärtners Friedhofstage«) und am Totensonntag einen Gottesdienst besucht, um eine Kerze für die Toten des vergangenen Jahres zu entzünden, der ist sicher auch bereit, die eigene Endlichkeit und die Dringlichkeit des »hic et nunc« zu reflektieren und Hilfen zu einem besseren Leben vor dem Tod anzunehmen.

Damit kein Missverständnis entsteht: Mir geht es nicht um eine »ars moriendi«. Das eigene Leben als Einübung in das Sterben hinzubringen, halte ich schlicht für einen Skandal. Es war heidnischer Einfluss, als man auch in der Christenheit eine »Kunst des Sterbens« zu entwickeln versuchte. Der Tod ist aber kein Wert an sich, und wir sind keine Sterbenskünstler. Wer sich so versteht, überschätzt sich heillos. »Ars moriendi ist die raffinierteste Art, sich selber vor sich selber im Modus der Aufhebung noch interessant zu machen.« (E. Jüngel, Tod, 1971, Seite 160 ff.) Mir geht es vielmehr um Todesgedenken im Interesse des gegenwärtigen Lebens, um Todesgedenken als Klärung, als Aufklärung unserer Existenzbefindlichkeit, dass wir nämlich »Kinder des Lichts« und nicht »von der Finsternis« sind (Vers 5).

Predigtidee

Die Stimmung der vom Thema »Tod« geprägten Novembersonntage aufgreifend, möchte ich der Gemeinde deutlich machen, dass Sterben und Tod für die Christen eigentlich nur eine Funktion haben: Angesichts unserer eigenen Endlichkeit sollen wir unser jetziges Leben neu bewerten und neu gestalten. Wir sollen vor Gott so leben, als gäbe es nur dieses Leben und kein anderes danach. Beispiel könnte das Leben Jesu sein, der wie kein anderer Todesgedenken umsetzte in gestaltetes Leben.

Predigtthema

Leben angesichts des Todes – oder: Gott will, dass wir leben, solange wir leben.

Vorschläge zur Liturgie

Als Introitus bietet sich Ps 90,1–12 an.

Damit die alten Elemente der Eingangsliturgie nicht »in der Luft hängen«, würde ich vor dem Kyrie ein Wort Eberhard Jüngels lesen: »Alle Menschen sind sterblich. Keiner ist des Todes mächtig. Definitionen sind Herrschaftsakte. Wer den Tod zu definieren verstünde, wäre im Begriff, seiner Herr zu werden. Doch das Gegenteil scheint der Fall zu sein. Nicht wir beherrschen den Tod, sondern der Tod beherrscht uns.« Dem Gloria würde ich den Satz vorschalten, der später Thema der Predigt ist: »Gott will, dass wir leben, solange wir leben.«

Kollektengebet

Gott, du weißt, wann für jeden von uns die Sonne zum letzten Mal aufgeht. Wir bitten dich: Warne uns, wenn unser letzter Tag anbricht. Am besten aber hilf uns, jeden Tag so zu leben, als sei er der letzte oder – besser noch – als sei es immer der erste.

In Anlehnung an Helder Camara, Mach aus mir einen Regenbogen, 1980, Seite 46

Fürbitten

Gott, unser Vater: Berge sind nicht ewig. Meere sind nicht ewig. Die Erde ist nicht ewig. Die Gestirne sind nicht ewig. Das All ist nicht ewig. Nichts ist ewig, nichts ist dazu bestimmt, ewig zu sein. Auch ich nicht. Kein Ich ist ewig. Ewigkeit ist nichts anderes als du selbst. Umso mehr bitten wir dich für alle, die vom Tod überwältigt sind, für die Schwerkranken, für die Sterbenden, für alle Toten und alle Trauernden. Lass

das Licht deiner Ewigkeit leuchten in ihrer Nacht. Wir bitten dich auch für alle, die den Tod verdrängen: für die Leichtsinnigen, für die, die die Augen verschließen vor den eigenen Grenzen, für die, die mit dem Tode spielen. Gib ihnen Nüchternheit und Einsicht, dass sie begreifen, wie einmalig das Leben ist. Für uns alle aber bitten wir dich: Nimm dich unser freundlich an. Behüte und erhalte uns. Denn dir allein gebühren Ehre und Anbetung, jetzt und zu aller Zeit und von Ewigkeit zu Ewigkeit.
In Anlehnung an Thomas von Aquin

Lied nach der Predigt
Herzlich tut mich verlangen (EG 148,1 und 9) oder Herzlich lieb hab ich dich (EG 397,2)

Vorschlag zur Predigt

Möglicher Predigtanfang
Das unterscheidet uns vom Apostel Paulus: Für ihn war es ausgemacht, dass das Ende der Welt bald kommt, und zwar lieber früher als später. Für uns dagegen liegt ein möglicher Weltuntergang, wenn er denn überhaupt kommt, in so weiter Ferne, dass wir ernsthaft nicht darüber nachdenken müssen. Paulus war überzeugt, dass Christus noch einmal wiederkommen werde, um einen Schlussstrich zu ziehen unter die Geschichte der Menschheit, um alle Unordnung in der Welt wieder in Ordnung zu bringen. Wir dagegen haben uns ohne diese Hoffnung eingerichtet. Wir sagen zwar jeden Sonntag im Glaubenbekenntnis, dass Christus noch einmal kommen werde, »zu richten die Lebenden und die Toten«. Aber im Grunde wären wir höchst überrascht, wenn sich plötzlich erfüllte, was wir bekennen. Denn wir rechnen nicht mehr mit einem »Jüngsten Gericht«, mit einem »Tag des Herrn«, wie Paulus sagt. Das »Jüngste Gericht« kommt als Position in unserer Lebensplanung nicht mehr vor, und ein »Tag des Herrn«, der für Paulus das wichtigste Datum der Weltgeschichte war, fehlt in unserem Terminkalender. An die Stelle des Jüngsten Gerichts, an die Stelle des Tages des Herrn ist bei uns etwas anderes getreten, das freilich dieselbe Qualität hat, denselben Stellenwert, dieselbe bestürzende Dringlichkeit, nämlich der Tod, das eigene Sterben. Der Tod zwingt uns – wie bei Paulus der Tag des Herrn –,

verantwortlich Lebensbilanz zu ziehen und rechtzeitig zu bedenken, dass uns nur ein begrenztes Maß an Lebenszeit zur Verfügung steht. An ihm kommt niemand vorbei.
Ich weiß natürlich: Dass wir sterben müssen, das verdrängen wir gern. In Leo Tolstois Novelle vom Tod des Iwan Iljitsch sagt Iwan im Gespräch mit Wanja über den Tod eines gewissen Caius: »Caius ist sterblich, und es ist ganz in Ordnung, dass Caius stirbt. Aber ich, Iwan Iljitsch, mit all meinen Gedanken und Gefühlen, – das ist eine ganz andere Sache.« Denken wir nicht letztendlich alle so? Wir halten jeden für sterblich, außer uns selbst, beziehungsweise: Wir wissen zwar, dass wir sterben müssen, aber wir glauben es nicht.
Es gibt allerdings Zeiten und Anlässe, da ist es anders. Da realisieren wir plötzlich, wie es wirklich steht um uns. Dass der eigene Tod genauso unberechenbar, aber auch genauso unaufhaltsam eintreten kann wie der Tag des Herrn bei Paulus, nämlich »wie ein Dieb in der Nacht«. Vielleicht sind die Tage im November, wenn wir zum Friedhof gehen, um die Gräber der Verwandten zu pflegen, ja solche Tage, an denen wir uns der eigenen Endlichkeit, der eigenen Bedrohung durch den Tod bewusst werden. Oder es ist die Nachricht vom jähen Herzinfarkt eines Menschen, mit dem wir neulich noch fröhlich zusammen waren. Was haben wir da noch gelacht, – und auf einmal ist er für immer fort, auf einmal ist Trauer angesagt.

Zum weiteren Verlauf

Wie wir mit dieser Bedrohung umgehen: Da gibt es Menschen, die angesichts der Todesbedrohung das Leben vergessen. Siehe das Beispiel unter »Kontexte«. Leben als Einübung ins Sterben? Leben als »ars moriendi«? Liebe zum eigenen Grab als christliche Einstellung zum Tod? Gott, der Liebhaber des Lebens, will, dass wir leben, solange wir leben.
Es gibt aber auch Menschen, die versuchen, die Bedrohung durch den Tod zu bewältigen. Ein Leben mit Weisheit vor dem Tod, ein geordnetes Leben und ein rechtzeitig bedachtes Sterben, – das ist selten zu finden. Vielleicht bei Luther? Wie Paulus die Bedrohung durch den »Tag des Herrn« verarbeitet. Souveränität der »Kinder des Lichts« angesichts des Nacht des Todes: In Wahrheit kann ihnen nichts geschehen. Dies macht es ihnen möglich, das Leben zu nutzen und zu lieben als einmalige, nie mehr wiederkehrende Chance.

Das Modell des Lebens Jesu. Er wusste, dass er nicht viel Zeit hatte. Er hatte den Tod immer vor Augen – in Gestalt vieler Feinde, die ihn schon früh (Herodes) beseitigen wollten. Aber diese Bedrohung setzt er um in – Seligpreisungen! In faszinierende Predigten. In Krankenheilungen. In Hilfe für alle Bedrängten, denen er begegnet. In Hoffnung auf das Himmelreich. Tod als Impuls zum Leben!

Möglicher Schluss

So sollten, so könnten wir auch leben: eingedenk des Todes, aber dem Leben zugewandt, das Leben nutzend in aller Nüchternheit, weil es so groß, so einmalig ist. Das erwartet Gott von uns: Wir sollen leben, als gäbe es nur dieses eine Leben und kein anderes danach. Eine, die das verstanden hat, ist Christa Weiß. Sie sagt in einem ihrer Gedichte:
»Überdenk ich die Zeit,/überdenk ich die viele Zeit, die ich hab,/
kann sein, morgen ist es zu spät./
Genieß ich das Glück,/genieß ich das kleine Glück, hierzuland,/
kann sein, morgen ist es zu spät./
Denk ich der Freunde,/denk ich der guten Freunde, die ich hab,/
kann sein, morgen ist es zu spät./
Bleibt mir doch Zeit,/bleibt mir doch Zeit genug, sie zu lieben,/
kann sein, morgen ist es zu spät,/kann sein, morgen ist es zu spät.«
Schallplatte ams 15018

Kontext

Albert Camus erzählt in einem Essay von einer eigenwilligen, einsamen Frau, der die Schwester eine Erbschaft von 1500 Mark hinterließ, die sie, dem eigenen Tod nahe, »günstig« anlegte: Auf dem Friedhof der Stadt lief eine Pacht ab. Der vorige Besitzer hatte auf seiner Grabstelle eine prachtvolle Gruft aus schwarzem Marmor errichtet. Die kaufte sie für sich selbst – für ganze 1000 Mark, ließ sie herrichten und am Schluss ihren eigenen Namen in goldenen Lettern anbringen. Im Laufe der Zeit entwickelte sich bei ihr geradezu eine Liebe zum eignen Grab. Jeden Sonntag Nachmittag ging sie hin, betrat die kleine Gruft, schloss sorgfältig das Törchen und kniete auf dem Betschemel nieder. »Auf diese Weise sich selbst gegenübergestellt, was sie war, mit dem vergleichend, was sie sein sollte, erkannte sie mühelos die geheimen Absichten der Vorsehung. Sie empfand sich in den Augen der Welt bald selbst als tot. Als sie an Allerheiligen später als gewöhnlich ankam, fand sie die Schwelle der Gruft pietätvoll mit Blumen bestreut. Unbekannte hatten aus Mitleid mit dem Grab ohne Blumen die ihren geteilt und so das Gedächtnis einer sich selbst überlassenen Toten geehrt.«

Friedenssonntag
Der 1. Brief an Timotheus 2,1-4 (5)

Axel Denecke

Exegetisch-homiletische Skizze

Die Epistel, die für den »Bittgottesdienst um Frieden und Schutz des Lebens« vorgeschlagen ist – bisher wenig exegesiert und homiletisch kommentiert – zeichnet sich aus durch eine (schlampige?) Ungenauigkeit, vielleicht auch Vergesslichkeit oder (bewusste?, unbewusste?) Unschärfe in der Abgrenzung des Predigttextes. Vorgeschlagen ist 1 Tim 2,1–4 (ein an den klassischen ›Haustafeln‹ angelehnter paränetischer Text durchschnittlicher Alltagsweisheit). Abgedruckt im Lektionar ist jedoch auch noch der Vers 5 (»Ein Gott – Ein Mittler – der Mensch Jesus Christus – zur Erlösung für alle«), ein dogmatisch hoch geladener Bekenntnissatz. Durch die Verknüpfung mit ›gar‹ (›denn‹) ist der Begründungszusammenhang zur ethischen Mahnung in VV. 1–4 evident.

Was also? Ein Versehen der Perikopenzusammenschneider? Eine Unachtsamkeit? Eine bewusste Unschärfe? Ich greife das unklare Angebot, den V. 5 mit hinzuzunehmen, auf und versuche so der zu erwartenden paränetischen Mahnung zum Frieden (Muss dazu überhaupt noch gemahnt werden? Versteht sich das nicht von selbst? Was hilft es, hier inflationär in verbaler Hilflosigkeit an Selbstverständlichkeiten zu erinnern?) eine hoffentlich nicht nur verbal-radikale dogmatische (christlogische! theologische!) Begründung zu geben. Denn dass der Einsatz für den Frieden auf unserer Erde etwas (nein! nicht nur ›etwas‹, sondern ›ganz und gar‹) mit dem Glauben an Jesus Christus zu tun hat, das gerade ist die christliche Pointe aller Friedenssehnsucht und Friedensarbeit. Dogmatisch pointiert und darin auch anstössig: *Nur* von dem »einen Gott« und dem »einen Mittler«, dem »Menschen« Jesus Christus her, »der sich selbst gegeben hat zur Erlösung für *alle*« ist eine effektive Friedensarbeit möglich.

Denn – im Ernst – was sollten die allzu freundlichen und so selbstverständlichen Mahnungen in den VV. 1–4 (wie auch immer sie post-pauli-

nisch situativ zu verorten sind: als gutbürgerliche Beschwichtigungsregeln, als Stillhalteabkommen, als leicht resignative »ruhiges und stilles Leben« Alters- und Allerweltsweisheit; vgl. zu dem allen die klugen exegetischen Bemerkungen in den Kommentaren) uns *heute* weiterhelfen, wenn wir sie auf der Kanzel nicht streng und vielleicht auch widerborstig an die Gestalt Jesu Christi binden würden? »Friedensonntag« und »Sonntag für den Schutz des Lebens« ist ja jeder Sonntag. Daher ist dieser Text auch nicht für einen besonderen Tag im Jahr, sondern für *jeden* Tag vorgesehen. Und es mag sein, dass jeweils ein besonderer ad hoc-Anlass (wie oft eigentlich im Jahr, wenn man sich all die Kriegsschauplätze global im Weltmaßstab und individuell im Haus/Familienmaßstab ansieht?) gegeben ist, nach diesem Text für den »Friedenssonntag« zu greifen. Immer also und zu jeder Zeit und für jede(n) in jeder Situation ist dieser Text greifbar. Das birgt natürlich die Gefahr in sich, dass wenn alle flächendeckend zu jeder Zeit angesprochen werden sollen, sich keiner mehr angesprochen fühlt, weil eine situative Konkretion fehlt. Diese Konkretion ist in der Predigt in doppelter Weise zu gewinnen:
a) *anthropologisch* eben durch die jeweilige besonders Situation, die der Grund dafür ist, dass dieser ›allgemeine‹ Text ausgewählt wurde. Denn nur in einer besonderen, vielleicht gar außergewöhnlichen Situation wird von den vorgeschlagenen allsonntäglichen OP-Texten abgewichen und nach einem »Friedenstext« gesucht. Dieser Text ist in seiner Allgemeinheit offen dafür, dass er mit jeder Konkretion, die der Grund für die Auswahl des Textes ist, gefüllt werden kann.
b) *theologisch* eben in der Zuspitzung der Begründung der Friedensfähigkeit durch die christologische Pointe in V. 5. Und eben das wäre wirklich zu konkretisieren: »Nur durch den ›einen Mittler zwischen Gott und den Menschen, den Menschen Christus Jesus‹ ist Frieden und Schutz des Lebens wirklich und möglich«. Und dieser Frieden ist dann eben mehr als ein »ruhiges und stilles Leben führen«.

Predigtidee

Der Mensch Jesus Christus – und sein Lebenstil – realisieren Frieden und Versöhnung für alle Menschen. In ihm ist das vorweggenommen, was für uns immer noch Sehnsucht ist.

Predigtthema

Frieden – Versöhnung – Schutz des Lebens in christologischer Begründung

Vorschläge zur Liturgie

Eingangspsalm: Ps 80 oder 85 in Auswahl

Lesungen

Neben den angebotenen Lesungen (Mi 4,1–4; Mt 5,2–10) vielleicht auch – obwohl das dann schon wieder Text für eine eigene Predigt wäre unter dem Motto: »Der Frieden (Gottes) ist uns immer weit voraus« – Jes 11,1–10

Lieder

Neben den thematischen Liedern im Evangel. Gesangbuch (EG Nr. 421–436) auch das Friedens(sehnsuchts)lied von Schalom Ben Chorin, »Freunde, dass der Mandelzweig ...« EG 606 und natürlich das allseits bekannte Gebet »O Herr, mach mich zum Werkzeug deines Friedens« EG 416

Kyrie-Gebet

Herr unser Gott // wir rufen dich an in unserer Not // Kyrie eleison / erbarm dich unser // Christus, unser Bruder // wir kommen zu Dir, bringe du uns auf den Weg des Friedens // Christe eleison / erbarm dich unser // Gott, Schöpfer Geist // erneure uns von Grund auf, niste dich ein in uns mit deiner Kraft, damit Frieden wächst in uns und unserer Welt // Kyrie eleison /erbarm dich unser.

Fürbittengebet

Um deine Kraft zum Frieden bitten wir, guter Gott // Wir erkennen dankbar, dass es unter uns Menschen gibt, die Spannungen überbrücken // die nicht aufhören zu verhandeln, die überall Frieden suchen // Um deinen Frieden bitten wir, guter Gott // um den Mut, allen entgegenzutreten, die an gewaltsame Lösungen denken // die mit Gedanken an Krieg ihr Spiel treiben, den Krieg verharmlosen // Um deine Kraft zum Frieden bitten wir, guter Gott // wir möchten noch mehr darauf achten, wo Unsicherheit in der eigenen Überzeugung uns dazu verleitet // in Andersdenkenden Feinde zu sehen // Um deine Kraft zum Frieden bitten wir, guter Gott // dass wir die schrecklichen Folgen der Kriege nie vergessen oder verschweigen // dass wir eintreten für Versehrte und Verstörte // für die Opfer trennender Grenzen // für die Minderheiten und Flüchtlinge // dass wir sie verstehen und unter uns aufnehmen // Um deine Kraft zum Frieden bitten wir.

Aus: Friedrich Karl Barth/Gerhard Grenz/Peter Horst (Hrsg.), Gottesdienst menschlich. Peter Hammer Verlag Wuppertal, Neuauflage Gesamtausgabe 2001

Friedensgebet

An das bekannte, dem Hl. Franz zugeschriebene Gebet »O Herr, mach mich zu einem Werkzeug deines Friedens« (Vgl. auch EG 416) sei hier ergänzend erinnert.

Vorschlag zur Predigt

Predigtanfang

Das ist schon ein starkes Stück. Da sind wir heute zusammengekommen, um aus Anlass von ... (konkreten Anlass/Situation einsetzen) in einem Gottesdienst um Frieden in unserer Welt (Stadt, Kirche, Familie) zu beten, weil es uns wirklich unter den Nägeln brennt ... und da wird uns solch ein Predigttext vor die Nase gesetzt: Allgemeiner gehts nicht; schiedlich-friedlich »ruhiges und stilles Leben führen in aller Frömmigkeit und Ehrbarkeit«. Dazu auch noch »Fürbitte und Danksagung ... für alle Könige und Obrigkeit«. Also, das ist wirklich ärgerlich. Ich will jetzt gar nicht das beliebte Spiel treiben, mich erst über einen Text künstlich aufzuregen und ihn am Ende doch ganz gut zu finden. Sondern es ist für mich wirklich ärgerlich, wie hier zur »Ruhe als erster Bürgerpflicht« im Namen Gottes aufgerufen wird, in der Hoffnung – wenn es denn noch Hoffnung ist – so dem Frieden in der Welt zu dienen. So gehts nicht!, möchte ich sagen, mir sagen, uns allen sagen. So gehts nicht! Und da hilft es auch nicht weiter, wenn ich in schlauen Kommentaren lese, wie diese sanft-freundliche Mahnung zu Wohlanständigkeit und Obrigkeitsgehorsam in der damaligen Zeit zu verstehen sei – also am Ende des 1. Jahrhunderts, kurz nachdem Paulus gestorben war, die junge christliche Gemeinde sich einzurichten begann in ihrer Umwelt und möglichst wenig Anstoß erregen wollte. Hilft mir heute gar nicht weiter. Ich sehe die ganz konkreten Probleme in unserer Welt, den Anlass unseres Gottesdienstes (Konkretionen!), all den Unfrieden in unserer Welt und in uns selbst. All das sehe ich und frage mich: Wie kriegen wir das weg? Wo gibt uns die Bibel, unser christlicher Glaube konkrete Hilfen auf den Weg zum Frieden, auf den Weg, das Leben zu schützen und zu bewahren? Wo gibt sie uns, ja: auch Ratschläge, Ermahnungen, auch mit erhobenen Zeigefingern, auch mal mit den Worten »du sollst« »du musst«? Aber doch so, dass ich auf die Sprünge komme. »So ermahne ich euch nun um Bitte, Gebet, Danksagung für alle Menschen, für König und Obrigkeit, damit wir ein ruhiges Leben führen können, in aller Frömmigkeit und Ehrbarkeit.« Bringt das uns auf die Sprünge? Oder eher in den Abgrund? Weil wir es schon viel zu oft getan haben, nur danach zu schielen (zu stieren, zu geilen), wie wir, ohne dass wir anecken und uns zu sehr anstrengen, ein ruhiges und stilles Leben führen können? Weil wir damit eben zu wenig für den Frieden in unserer Welt und auch in uns selbst getan haben? Und blicke ich in die Geschichte der christlichen Kirche und auf die Art, wie dieser Text in unseren Gemeinden verstanden worden ist, so ist mein Ärger wohl berechtigt. Stillstand, Ängstlichkeit, Duckmäusertum, sich aus allem heraushalten, sich in die private Ecke zurückziehen, Filzpantoffeltheologie sind statt Einsatz für den Frieden sind die gnadenlosen Folgen solch einer wohlfeilen christlichen Moral.

Zum weiteren Verlauf

Nach diesem wirklich harschen Einstieg in die Predigt – der nicht wieder zurückgenommen bzw. relativiert werden darf! – ist es umso nötiger, mit der gleichen Vehemenz auf die ›steilen‹ Begründungszusammenhänge von V. 5 (vgl. exegetische Skizze) zu verweisen. Wie auch immer der V. 5 zu unserer Perikope dazugekommen ist (ob ein Versehen, Schludrigkeit der Perikopenzuschneider oder eine hinterhältige List des Hl. Geistes) sei dahingestellt, zum Glück gehört der V. 5 nun einfach zum abgedruckten Text. Also:
»Zum Glück – liebe Gemeinde – ist das nicht alles, was in dem uns verordneten Predigttext steht. Es gibt da noch – ganz merkwürdig, wie der

Vers dazugeraten ist – den Vers 5, mit dem unser Text abschließt. (zitieren) Es sieht zunächst so aus, als sollte er gar nicht mehr zu unserem Text dazugehören, als rede er von etwas ganz anderem und doch liegt hier – so glaube ich – der Angelpunkt des Ganzen, die Pointe, die uns konkret weiterhilft. Wir brauchen jetzt allerdings ein bisschen Zeit und Geduld, um das in uns aufzunehmen.«

a) Jetzt ist zunächst davon zu reden, dass »Gottes Frieden« der Grund aller menschlichen Friedensbemühungen, auch aller »Frömmigkeit und Ehrbarkeit« ist. Der »eine« Gott, also der Gott »aller Menschen« (zweimal »alle Menschen« auch im paränetischen Teil des Textes), also auch der Menschen, die wir als »Gegner, Feinde, Störenfriede« empfinden. Sie *sind* Gottes Kinder/Gottes Geschöpfe, ob es uns passt oder nicht. Hier können zur Konkretion alle möglichen fernen und nahen »Bösewichter« und für uns »dämonische Gestalten« genannt werden. Der Frieden untereinander, die Fähigkeit auch, »ruhig und still« – im Positiven also: Ohne heimliche Aggressionen, Intrigen, hinterfötzische Gedanken – unser Leben zu führen, liegt in dem vorausgesetzten Frieden durch Gott und in Gott, in dem *einen* Gott, der Vater (nicht Herrscher) aller Menschen.

b) Konkret wird dies Friedensangebot – auch die anstrengende Friedensarbeit – Gottes (»Frieden macht immer Arbeit, macht auch Gott Arbeit«) in dem *Menschen* Jesus aus Nazareth, den wir im Glauben Christus, unseren Friedensfürsten, nennen (dürfen). Jetzt ist ausführlich und konkret von der ›Friedensarbeit‹ der Person Jesu zu reden, also von seinem ›Lebensstil‹, von seinem Umgang mit den Menschen (vor allem denen, die in Unfrieden lebten), von den Provokationen in seinen Aussagen zum Frieden in der Bergpredigt (Seligpreisungen, rechte Backe ..., eine/zwei Meilen gehen ...), auch von seinem »Friedensweg« zum Kreuz hin. Ausführlich, nicht nur in Andeutungen ist hier zu reden. Und konkret. So ist er der »Mittler zwischen Gott und den Menschen« und unsere »Erlösung« zur Friedensfähigkeit, weil er uns das konkrete Bild gelebten Friedens vor Augen stellt, weil er den Frieden Gottes – für uns stets noch eine Utopie – antizipatorisch vor- und vorauslebt.

c) Schließlich ist – wenn die Zeit noch reicht – von Menschen zu erzählen (vielleicht mit konkreten Beispielen aus Geschichte, Literatur, eigenen Erfahrungen; vgl. auch Kontexte), die sich in die Tradition dieses »Mittlers zwischen Gott und den Menschen« hineingestellt haben (bewusst sich dazu bekennend oder auch unbewusst, anonym, inkognito) und diesen Frieden leben. Dabei ist die entscheitende Frage: Woher nehmen sie die Kraft bzw. die Fähigkeit zu der ›Friedensarbeit‹ für *alle* Menschen, unabhängig von Rasse, Geschlecht, Religion, Weltanschauung. Es bleibt für uns bei der christlichen Pointe: *Nur* von Gott her (vermittelt durch seinen Mittler) erwächst diese Fähigkeit zur Friedensarbeit.

Möglicher Schluss

Ja, das ist schon ein starkes Stück, was uns mit diesem Predigttext an diesem besonderen Tag zugemutet wird. Nicht nur die allzu gutbürgerlichen »Stillhalteappelle« mit einem »stillen und ruhigen Leben« am Anfang. Kann man ja wegstreichen. Passt uns nicht! Sondern dann auch noch – gerade noch – diese gewagte und forsche Zuspitzung: Wie schaffen wir Frieden? In unserem Herzen und in unserer Welt? Wie schützen wir das Leben? Ganz konkret in der heutigen Situation, die Anlass ist zu diesem Gottesdienst? *Nur* so, wirklich nur so, indem wir uns an dem einen Gott orientieren, an seiner anstrengenden Friedensarbeit für uns, die er uns in dem Menschen Jesus – (fast) ein Mensch wie wir – vorgeführt, vorgelebt, vorgeglaubt hat. Nur so, wenn wir uns von ihm inspirieren lassen, unbeirrt uns an ihm orientieren, nicht müde darin werden, es immer wieder und immer neu zu tun, auch wenn wir – wie viele vor uns – daran immer wieder scheitern, kurzfristig, mittelfristig. Trotzdem unbeirrt, fast möchte ich sagen *stur*, daran festhalten. Weil Gott in ihm und durch ihn Frieden gemacht hat, mit uns, Frieden auch mit seiner Welt, »uns allen zur Erlösung«. Ja, das ist ein starkes Stück. Ein starkes Stück Frieden! Für uns! Ein starkes Stück Arbeit am Frieden! Durch uns. Und wenn uns das gelungen ist, dann – aber nur dann – können wir auch mit gutem Gewissen ein »stilles und ruhiges Leben führen, in aller Frömmigkeit und Ehrbarkeit«

Kontexte

Es gibt eine Unmenge schöner Geschichten, wie im Kleinen und Großen der Frieden sich verwirklicht. Die meisten der Erzählungen sind zu schön, um wahr zu sein, haben eine utopische Komponente. Das muss wohl auch so sein, denn der »Frieden« ist immer – von Gott her kann man sagen: per definitionem – zu groß für uns.

Ich verweise in diesem Zusammenhang auf die Sammlungen von »Kurzgeschichten« von Willi Hoffsümmer (Bd. 1–4), Mainz 1983 ff. (viele Auflagen). Nur mit einigen Bedenken möchte ich an dieser Stelle eine der Beispielgeschichten wiedergeben. Sie gefällt mir schon sehr, hab aber den Eindruck, sie ist – wie viele andere auch, grad weil die innere Begründung zur Friedensfähigkeit fehlt (vgl. V. 5 Predigttext) – doch zu schön und rund, als dass sie der Wirklichkeit standhält. Aber man darf doch auch träumen!

»Zwischen zwei Völkern drohte ein Krieg auszubrechen. Auf beiden Seiten lagerten die Heere. Auf beiden Seiten schickten die Feldherrn Kundschafter aus. Sie sollten erkunden, wie man ins feindliche Lager eindringen kann. Beide Kundschafter kehrten zurück und berichteten: Es gibt nur eine einzige Stelle an der Grenze, wo man einfallen könnte. Überall sonst sind hohe Gebirge. An dieser Stelle aber hat ein Bauer sein Feld. Er wohnt in einem kleinen Haus mit Frau und Kind. Sie haben sich lieb, sind glücklich. Ja, es heißt, sie sind die glücklichsten Menschen der Welt. Wenn wir über das kleine Feld in Feindesland einmarschieren würden, zerstören wir das Glück. Also – so sagen die Kundschafter – kann es keinen Krieg geben. Das sahen die Feldherrn auch ein, und der Krieg fand nicht statt wie jeder Mensch begreifen wird.«

»Aus China«, zu lesen in dem Kurzgeschichtenband von Willi Hoffsümmer, Kurzgeschichten 1, Nr. 53, Vgl. auch Nr. 151–172, viele ›nette‹ andere Parabeln

»Wenn ein gutes Gewissen ein sanftes Ruhekissen ist, so möchte ich lieber ein schlechtes Gewissen haben, um nicht einzuschlafen und mich zufrieden zu geben mit dem was ist.«

Ernst Barlach im 3. Reich, sinngemäss zitiert

Vorletzter Sonntag im Kirchenjahr
Der 2. Brief an die Gemeinde in Korinth 5,1–10

Hans-Jürgen Kant

Exegetisch-homiletische Skizze

Eschatologische Aussagen bilden in der Theologie des Paulus kein geschlossenes System. Sie begegnen uns in seinen Briefen fast durchgängig im Zusammenhang mit Fragen der Ethik. So laufen auch in 2. Korinther 5,1–10 die eschatologischen Aussagen auf die Mahnung zu einem adäquaten, gottgefälligem Handeln in diesem Leben zu.
Die Perikope beginnt zunächst tröstend: Beim Abbruch des irdischen Lebens, wenn der Leib stirbt, wartet eine neue himmlische Behausung auf die, die zu Christus gehören. Gegen platonisch-dualistische Leibfeindlichkeit hält Paulus fest, dass die Seele nicht unbehaust bleibt. Längst ist diese himmlische Behausung durch Gott bereitet. Paulus und seine Adressaten, die Christen in Korinth, sehnen sich nach dieser himmlischen Heimat. Nicht nur aus der Angst sterben zu müssen, entkleidet zu werden (Vers 4), sondern auch aus dem Gefühl, mit diesem Leben in ein Exil geworfen zu sein, in dem sie Gott nicht schauen werden, sondern nur an ihn glauben können (Vers 7).
Die Sehnsucht, endlich nach Hause, zu Gott zu kommen, motiviert die Glaubenden, sich schon jetzt um ein Gott wohlgefälliges Leben zu bemühen (Vers 9). Dem verleiht Paulus Nachdruck, indem er vom Richterstuhl Christi spricht. Vor ihm muss jeder Rechenschaft über seine Bemühungen um gute Werke geben. Das Vertrauen in die Heimkehr entbindet nicht von verantwortlichem Handeln in unserer Welt (Vers 10).
Grundmotiv der zu predigenden Perikope bleibt jedoch die Hoffnung und Gewissheit, mit der ein Christ auf das Sterben zugehen kann: Ich falle nicht ins Nichts, sondern ich komme nach Hause, zu Gott. Paulus will trösten und nicht ängstigen. Mit dem Gerichtsgedanken will er an die Konsequenzen des jetzigen Lebensstils erinnern, aber nicht das

krampfhafte Bemühen um Korrektheit und Fehlerlosigkeit einfordern. Die Auferstehungsleiblichkeit muss und kann sich niemand durch seine Werke und Leistungen verdienen, aber möglicherweise – die Warnung steht mahnend im Raum! – kann sie verspielt werden.

Die Perikopenordnung unserer Kirche sieht am Ende des Kirchenjahres Texte vor, die die eschatologischen Erwartungen angesichts des individuellen Lebensendes und angesichts eines apokalyptischen Endes unserer Welt thematisieren.

Umso länger ich mit dem Predigen beschäftigt bin (seit meinem Vikariat bei Arnold Zarft 1987 in Neustrelitz), um so mehr frage ich mich, ob diese Texte wirklich in so breitem Umfang in unsere Perikopenordnung gehören. Sie bergen die Gefahr, zu stark auf ein Jenseits zu orientieren, dass für das heutige normale Lebensgefühl irrelevant ist. Es sind Texte, die möglicherweise nur an Grenzstellen des Lebens zu sprechen beginnen, im Zusammenhang mit Krisen, Verfolgung (Paulus und die frühe Christenheit!) und Tod.

Während ich erste Gedanken zu diesem Entwurf niederschreibe, bin ich mit meiner Frau und unseren drei Töchtern in der Bretagne im ausgedehnten Urlaub. Ich lasse meinen Leib von Atlantikwellen überrollen, ich halte ihn der Sonne hin, dass sie ihn wärmt, erfreue mich an Berührungen und labe ihn mit Cidre und Erdbeertörtchen, während ich den Blick über Hortensienbüsche und Malven genieße. In dieser Situation sehne ich mich nicht nach einer himmlischen Heimat, ich habe keine Sehnsucht, meinen Leib zu verlassen; viel schöner als in diesem Moment kann der Himmel für mich irgendwann mal auch nicht sein.

Doch ich weiß auch, dass mich zu verschiedenen Zeiten unterschiedliche Texte berühren. Dass es Zeiten gibt, in denen mich Texte wie 2. Korinther 5,1–10 zu halten, zu trösten, zu ermahnen wissen. Das sind aber rückblickend eher Krisenzeiten gewesen, in denen ich mich fallen gelassen, leer und orientierungslos gefühlt habe.

Menschen, denen es so geht, werden auch am 17. November 2002 im Gottesdienst in der Johanniskirche sitzen. Vereinzelte Menschen in der Krise, Trauernde, die unter dem Verlust naher Angehöriger leiden, Nachdenkliche, die um den Totensonntag herum über Leben und Tod grübeln. Aber es sind auch Konfirmanden da, denen nur das »Hier und Jetzt« wichtig ist, Urlauber, die in Wernigerode »die schönste Zeit des Jahres« erleben, »normale« Gemeindeglieder, für die der Gottesdienst-

besuch zum Sonntag dazugehört und die sich daraus Gemeinschaft mit anderen und Stärkung für die dunklen Tage der neuen Novemberwoche erhoffen.
Die Lesungen am vorletzten Sonntag im Kirchenjahr halten Klage über das unbußfertige Verhalten des Volkes (Jer 8,4–7), sie reden von der Sehnsucht der ganzen Schöpfung nach Erlösung (Röm 8,12–13) und kündigen das Gericht am Ende der Zeiten an (Mt 25,31–46). Kriterium für das Urteil im Gericht ist das Handeln an den geringsten Schwestern und Brüdern, in denen Christus uns als Herausforderung begegnet.
Predigt und Gottesdienst möchte ich so gestalten, dass dieses einzige Leben, das wir hier in einer grandiosen Welt als Geschenk, Genuss und Aufgabe haben, nicht entwertet wird, dass aber zugleich die großen Visionen, die sich auch im Predigttext widerspiegeln, in einer schrecklichen Welt, in dunkler werdenden Tagen tröstend zum Zuge kommen.

Predigtidee

Der Text mutet in seinen Spekulationen märchenhaft an. Na und! – Ein Plädoyer für Bilder und Träume. Wovon soll sich die Hoffnung sonst ernähren und welche schönere Aufgabe hätte die Kirche sonst, als sich am Aufbau der individuellen und kollektiven Träume und Visionen zu beteiligen.

Predigtthema

Hoffnung, die trägt?

Vorschläge zur Liturgie

Zum Kyrie

Graues Novemberlicht
rieselt durch enge Räume
versandet im dunklen Erker des Herzens.

Gott,
wo sind die freundlichen, bunten Tage
geblieben
das helle Licht deiner Güte?
Kyrie eleison – EG 178.12

Einsames Reden
verliert sich im Wind
lässt mich allein mit trockenem Mund.
Gott,
wohin sind die Freunde von einst
gegangen
der frohe Klang deiner Musik?
Kyrie eleison – EG 178.12

Nässe und Sturm
rütteln an Fenstern und Türen
zerstören am Ende das traurige Haus.
Gott,
warum bleibt so gar nichts
bestehen
bleibt mir wenigstens noch Zuflucht bei dir?
Kyrie eleison – EG 178.12

Zum Gloria

Sonne bricht durch dunkle Wolken.
Kinderlachen öffnet die Tür.
Heimat ahne ich
bei dir.
Laudate omnes gentes, laudate dominum. – EG 181.6

Kollektengebet

Gott, auf dem Wege zu dir bitten wir:
Wärme uns in der Kälte das Herz.
Lass uns in der Einsamkeit nicht allein.
Schenke uns in der Trauer neue Hoffnung.
Und lass uns zu Werkzeugen deiner Liebe werden. Amen.

Lieder
- »Gib Frieden, Herr, gib Frieden«, EG 430
- »Nun sich das Herz von allem löste«, EG 532
- »Korn, das in die Erde« EG 98

Vorschlag zur Predigt

Möglicher Anfang

Manchmal fühle ich mich geborgen wie in Kindertagen, wenn ich solche Texte lese oder höre. Dann ist diese Sehnsucht des Paulus nach einer himmlischen Heimat so real, dass sich alle skeptischen Fragen verbieten. Ja, am Ende wird alles, alles gut. Wenn ein lieber Mensch stirbt, wenn ich an meinen eigenen Tod denke, so ist das nicht allein traurig, schmerzlich und Grund zur Klage. Sterben ist dann auch ein Hinübergehen, der letzte Schritt nach Hause, der letzte Meter vor dem Ziel nach einer anstrengenden Wanderung.

Manchmal jedoch überwiegen bei mir auch die Fragen, die Zweifel, die Skepsis. Will mich Paulus nur vertrösten? Nimmt er mein einziges Leben auf dieser Erde und meinen Schmerz angesichts des Abschieds wirklich ernst?

Die Verheißung des Predigttextes lädt mich ein, mein Leben in einem fast märchenhaften Licht zu träumen. Ich muss mich bewähren an einem Ort, der mir fremd ist. Herausforderungen stürmen auf mich ein. Doch die Aufgaben lassen sich lösen, wenn ich sie mit Klugheit, Mut und Fairness angehe. Wenn ich die Hilfe annehme, die oft aus einer ganz unerwarteten Richtung erscheint. So werde ich trotz mancher Widrigkeiten und Feinde am Ende an das gute Ziel kommen. Ich werde mich im Schloss wiederfinden. In dem längst bereiteten Zuhause, das schon lange auf mich gewartet hat. Hier, zu Hause, lege ich alle auf dem Weg zerschlissenen Kleider ab und werde angezogen mit neuen herrlichen Gewändern. Nun kann das Festmahl beginnen, eine Feier des Lebens ohne Ende.

Zum weiteren Verlauf

Paulus sehnt sich nach dem Leben in Gottes Nähe, nach dem Fest des Lebens, wo alles Glauben in Schauen übergegangen ist. Wo alle Widrig-

keiten des Lebens abgefallen sind, wo es keine Verfolgung und keinen Streit mehr gibt.
Diese Sehnsucht begegnet mir bei alten Menschen, die ihr Leben gelebt haben und nun unter der Mühsal des Alters leiden. Sie begegnet mir am Krankenbett, wenn ein unheilbar kranker Mensch am Ende sein Sterben bejahen kann.
Diese Sehnsucht nach Gottes Nähe finde ich auch in mir: in Krisensituationen, in denen ich selbst in tiefen Wassern zu versinken drohe und da ist kein Ausweg. Diese Sehnsucht nach einem endgültigen Frieden, nach Gerechtigkeit, danach, dass alle Tränen endlich abgewischt werden, wächst in mir angesichts der Bilder von Krieg, Gewalt und Hunger in unserer Welt. Die Realität des Todes kann doch nicht das letzte Wort behalten. Ich will vom anderen Leben träumen und mich mit den Bildern der Hoffnung wappnen.
Doch zuzeiten spüre ich auch ganz starke Widerstände gegen die Bilder unseres Textes. Nicht nur dann, wenn es mir gut geht, und der Himmel eigentlich nur die Verlängerung des jetzigen Glückszustandes sein kann. Widerstände spüre ich besonders auch dann, wenn ich am Grab mir sehr naher Menschen stehe, die viel zu jung gestorben sind. Das macht mich zornig auch gegen Gott und durch die Bilder des Paulus fühle ich meine Trauer nur verhöhnt. In dieser Situation sind mir Hiob und die Klagepsalmen näher, ist mir der Mann am Kreuz sehr nahe, der nur noch beten kann, mein Gott, mein Gott, warum hast du mich verlassen.
Es gibt Zeiten, in denen mir die Bilder des Paulus helfen, mutig meinen Weg zu gehen. Es gibt andere Zeiten, da möchte ich sie weit fortlegen und nie wieder anschauen.
Paulus und die frühe Christenheit lebten inmitten innerer und oft auch äußerer Anfeindungen. Verfolgungen standen auf der Tagesordnung. Gefängnis und dann auch Märtyrertod waren alltägliche Realität. Gegen die mögliche Verzweiflung setzt Paulus seine Bilder. Das irdische Leben ist Bewährung für das, was aussteht. Am Ende wird auch noch der einzelne, eigentlich schon gerettete Christ geprüft, ob er sich bewährt hat. Damit liegt bei allem Zuspruch zugleich eine große Ernsthaftigkeit über diesem Text. Es ist nicht egal, wie ich mein Leben gestalte. Ob ich es im Sinne Jesu einsetze oder vergeude. Doch dazu gibt Gott auch seinen Heiligen Geist als Kraft von außen, die schon jetzt gewiss macht, dass das Sterbliche als das Vorläufige restlos verschlungen wird vom Leben.

Uns Heutigen ist die Einmaligkeit dieses Lebens sehr bewusst. Wir wissen, dass wir nur dieses eine Leben haben (auch wenn der buddhistische Gedanke der steten Wiedergeburt bis in Gemeindekreise Einzug gehalten hat), und wir wollen es absichtsvoll gestalten. Oft fühle ich mich dazu auch stark genug, aber was hilft mir angesichts von Krankheit, Scheitern und Unvermögen? Angesichts des Todes von Freunden und Weggefährten? Manchmal ist da nur Zorn und Trauer. Da muss ich durch und doch: Wie gelingt es mir, mein Leben zu meistern, wieder mutig meinen Weg zu gehen? Was ich allein aus mir schöpfe, reicht oft nicht aus. Können mich die Bilder und Träume der Hoffnung noch ernähren, ermutigen, weiter helfen? Gelingt es den Bildern und Visionen noch mich einzuhüllen wie ein Mantel, mit dem ich dem Sturm trotzen kann? Können sie mich ermutigen, mich für diese Welt einzusetzen? Mitzubauen am Reich Gottes, das sich am Ende ganz durchsetzen wird?

Möglicher Schluss

Generationen vor uns haben sich durch die Bilder des Trostes und der Hoffnung berühren lassen. Wir sind sehr diesseitig geworden. Doch wenn ich mich von den Bildern und Visionen verabschiede, dann wird mein Leben damit auch leerer. Es ist wohl leichter, der Stimme des Zweifels Raum zu geben. Es ist leichter, in seinem Leben unglücklich zu werden und unzufrieden durch die Welt zu gehen. Es ist leichter, ängstlich und verbissen nur auf das Eigene zu schauen und den Nächsten und die große Sehnsucht nach Veränderung nicht zu sehen. Aber mein Leben wird dadurch ärmer.

Was ich zuzeiten nur als Vertröstung auf später hören kann, will doch zum Leben hier und jetzt ermutigen: Du kannst deinen Weg getrost gehen, ohne Angst, etwas zu versäumen – mit Scheitern, mit Brüchen und Umwegen. Kein Abschied wird endgültig sein, weil der Tod am Ende seine Macht verliert. Du kannst deine Aufgaben gelassen anpacken; Gott ist in seinem Geist bei dir. Vertrau darauf: Am Ende wird alles gut. Dann wird die Feier des Lebens, die hier und da schon heute aufleuchtet, anheben und als Freude bleiben, die nie versiegt. Tief in dir klingt schon jetzt leise die Melodie des Festes. Sie wartet darauf, dass du sie hörst. Machmal ist sie verborgen unter Trauer und Angst, verschüttet unter erdrückenden Problemen. Lausche der Melodie in dir nach und der Tag wird kommen, da werden wir sie gemeinsam singen und das Fest wird beginnen.

Gestaltungsidee

Ich kann mir vorstellen, Monologe zu schreiben, in denen sich konkrete Konflikt- und Sehnsuchtssituationen widerspiegeln, unter anderem:

- das Mädchen, das von zu Hause fortgelaufen ist und dass nun in der großen Stadt zu überleben versucht;
- die Frau im Pflegeheim, die sich mit allen Verwandten überworfen hat und für die es nun ans Sterben geht;
- der Mann, der im Leben scheinbar alles erreicht hat und dem nachts die Träume signalisieren, du hast Entscheidendes verpasst;
- die Kirchenälteste, die Partei ergreifen muss im Konflikt innerhalb der Gemeinde, vorhandenes Geld in die sozialdiakonische Arbeit eines Neubaugebietes zu stecken oder in die notwendige Kirchenrenovierung.

Die Monologe werden in der Ich-Form von einzelnen Sprecherinnen und Sprechern im ersten Teil des Gottesdienstes vorgetragen. Dazu wird ein Stein im Altarraum abgelegt. In der Predigt werden die aufgezeigten Probleme aufgenommen angesichts des Textes, der ernst genommen nicht vertrösten will, sondern Perspektiven der Ewigkeit und der Verantwortung ins Spiel bringt. Im Fürbittengebet bekommen die weithin Stummen dann noch einmal eine Sprache. Auf die Steine wird jeweils ein Teelicht gestellt.

Kontexte

Und wenn der Rest unserer Tage auf diesen Tag zusammenschmolz – heute leben wir, wie man leben soll, und darauf kam es an.

Christa Wolf: Sommerstück, Aufbau-Verlag Berlin, 1989

Eva sagte: Johannes, glaubst du nicht auch, dass es außer der Wirklichkeit, die wir Tag für Tag erleben, noch eine andere Wirklichkeit geben muss? Irgendwo müssen die Gedanken, die wir ein Leben lang gedacht, doch ein Zuhause haben, irgendwo müssen sie doch hingehen, wenn es Abend wird ...

Hanns Cibulka: Am Brückenwehr. Zwischen Kindheit und Wende, Reclam Leipzig, 1994

Hier baue ich nur ein Nest,
im Himmel aber fest.

Inschrift eines Ackerbürgerhauses von 1667 im Westfälischen Freilichtmuseum Detmold

Ich glaube, ich habe genug von dieser Welt. Mehr kann ich nicht ertragen. Ich bin am Ende. Ich bin müde. Ich will nur noch nach Hause.

Douglas Coupland: Girlfriend in a coma, Hamburg Hoffmann und Campe, 1999

Ich habe Träume, schreckliche Träume, Bai Dimiter. Und ich habe Sehnsucht nach einem weißen Dampfer, einem Märchen, in das ich fallen kann bis auf den Grund ...
Vielleicht wird es einmal eine Zeit geben ohne Gefängnisse, Zuchthäuser und Kellerräume, in die Menschen gesperrt werden. Ich habe Sehnsucht nach einem solchen Jahrhundert der Träume.

Werner Heiduczek: Tod am Meer.

»Hol deine Sachen«, sagte er, »Träume machen Arbeit.«

Paulo Coelho: Am Ufer des Rio Piedro saß ich und weinte

Wenn es eine Sünde gegen das Leben gibt, so besteht sie vielleicht nicht so sehr darin, an ihm zu verzweifeln, als darin, auf ein anderes Leben zu hoffen und sich der unerbittlichen Größe dieses Lebens zu entziehen ... Aus der Büchse der Pandora, in der alle Übel der leidenden Menschheit wimmelten, ließen die Griechen als Letztes und Schrecklichstes die Hoffnung schlüpfen. Ich kenne kein erschütternderes Symbol. Denn hoffen heißt zuletzt entsagen, wenn man auch das Gegenteil zu glauben pflegt. Und leben heißt: nicht entsagen!

Albert Camus: »Hochzeit des Lichts«

Das Leben kann sich nicht halten, ohne dass wir eine Sprache und ohne dass wir Bilder vom Leben haben. Diese Bilder und diese zusammenhängende Sprache vom neuen Leben verlieren wir immer mehr. Was die Christen dieser Gesellschaft schuldig sind – zumindest dieses –, das ist die Sprache von dem, was kommen soll. Es muss von vielen das Unaussprechliche gesagt werden: dass das Lamm neben dem Panther lagern wird, dass das Kind an der Höhle der Viper spielen wird, dass die Toten nicht verloren sind, dass die Blinden sehen werden, dass Gott alles in allem sein wird. Es muss eine Sprache für das Unaussprechliche geben. Die wichtigste Arbeit der Christen ist, am Aufbau der Träume zu helfen.

Fulbert Steffensky, Feier des Lebens, Kreuz-Verlag Stuttgart, 1984

Mögest du warme Worte
an einem kalten Abend haben,
Vollmond in einer dunklen Nacht
und eine sanfte Straße
auf dem Weg nach Hause.
Irischer Segensspruch

Tipps zum Text

Eberhard Jüngels Buch »Tod« von 1971, anregend noch heute, ein systematischer Überblick zu dem, was sich philosophisch und theologisch zum Thema sagen lässt.

Fulbert Steffenskys Bücher »Das Haus, das die Träume verwaltet« und »Feier des Lebens«, in denen er über die Aufgaben der Kirche nachsinnt, eine ganz wichtige ist sich am Aufbau der Träume zu beteiligen.

Douglas Coupland »Girlfriend in a coma«: Der Erfinder der »Generation X« stellt in einem apokalyptisch anmutenden Roman die Frage nach dem, was das Leben eigentlich ausmacht. Ein Buch, das heutiges Lebensgefühl ausdrückt und im Sinnverlust das Ende der Kultur und der menschlichen Existenz überhaupt heraufdämmern sieht.

Buß- und Bettag
Das Buch Jesaja 1,10–17

Beate Dirschauer

Exegetisch-homiletische Skizze

»Hört und merkt auf …« – mit dieser Einleitung beginnen häufig weisheitliche Texte der hebräischen Bibel (Prov 4,1; 7,24, Hi 33,31 u. ö.), hier nun geht es als Prophetenwort in den Tempelbezirk und markiert die direkte Anrede derer, die sich möglicherweise wieder einmal zu einem opulent und rauschhaften Bußtag versammelt haben.
An alle ergeht das Wort des Propheten Jesaja, das Volk und seine Nomenklatura werden zwar gemeinsam um Gehör gebeten, wohlfeil aber voneinander getrennt. »Fürsten von Sodom, Volk von Gomorrah«. Gott nennt die Seinen beim Namen und nimmt sie mit dieser Titulatur an die Hörner: »Sodom und Gomorrah« (Gen 18), das verheißt nichts Gutes, das impliziert das Gericht Gottes, den Untergang, das Ende. Die den damaligen Ohren wohlvertraute Geschichte von Sodom und Gomorrah wird konkretisiert als mögliche unmittelbare Zukunft der Zuhörer.
Jesajas Anliegen ist ernst und führt mitten hinein in Sündhaftigkeit und Zerstörung.
Er spielt hier nicht mit seinen Hörern, wie es zur Zeit eine bekannte Stuttgarter Automobilfirma in einer Werbung tut, die sich der Weltuntergangssymbolik des ebenso geläufigen Bildes von der Arche Noah bedient, um das eigene Produkt zu profilieren:
Tiere aller Arten, aber auch bedeutende Kunstwerke aus Malerei und Literatur, sowie – last not least – zwei silbrig changierende Luxuskarossen der neuesten Y-KLasse aus Stuttgart fahren in die Arche. Das Wissen um ein mögliches Ende allen Fortschritts wird bewusst ins Spiel – als Spiel – gebracht, um den Wert des Produktes noch zu steigern.

Dass etwa zwischen der Zerstörung der Ozonschicht und damit möglichen Bedrohung des blauen Planeten sowie dem weltweit expandierendem Autoverkehr eine unheilvolle Korrelation besteht, wird nicht nur gewusst, sondern auch noch scherzhaft miteinander verbunden. Statt des Aufrufes zur Umkehr bewirken zu wollen, dient das zitierte Bild in der Werbung nur noch der Konsumsteigerung.

Der Predigttext teilt sich in zwei Abschnitte. Die VV. Jes 1,10–15 markieren im ersten Teil das Ende von Gottes Geduld mit der Opferkultpraxis seines Volkes. Sie geben eine bildhafte Auflistung dessen, was zur Zeit des ersten Jesajas eben auch an einem Bußtag im Tempel praktiziert wurde und vermitteln einen geradezu blutigen Einblick (VV. 1,11; 13 b; 15 b). Doch all das will Gott so nicht, genauso wenig wie Fest- und Feiertage, in denen man unter kultischem Vorwand Allianzen mit fremden Religionen eingeht (VV. 1,13 c; 14).

Dieser kultkritische Aspekt findet sich auch bei Am 5,21–27 und bei Hos 6,6–8. Bemerkenswert erscheint mir neben der Anschaulichkeit die aufs Persönlichste beschriebene Abscheu Jahwes. »... ich mag es nicht«, »... sind mir tief verhasst«, »... ich bin müde, sie zu ertragen«, »... ich höre es nicht«, »... mir aus den Augen damit«. Die Ansprache in dieser persönlichen Form gibt nicht nur Ausdruck über das Ausmaß allen Unwillens Jahwes und seine Abkehr, sondern weist noch über die Art und Weise der Negation auf die eigentlich innigste Beziehung zu seinem Volk hin.

Der zweite Teil beginnt mit V. 16. Jesaja verwendet neun Imperative, um die ethische Weisung Gottes zu bestimmen: »Wascht euch, reinigt euch, entfernt, hört auf, lernt, erforscht, stärkt, rechtet, streitet.« Zieht man noch den Imperativ von V. 18 mit hinzu (»geht doch«) ergeben sich »zehn Ermahnungen, Ausdrücke der Umkehr« die den »Zehn Bußtagen« (vom Neujahrsfest Rosch Haschana bis Jom Kippur) entsprechen.[1] Roland Gradwohl weist darauf hin, dass das hebräische Wort für Umkehr = t' schuwá auch ›Antwort‹ meint. Damit lässt sich auch das zu verändernde Verhalten der Menschen als eine erste Antwort des Neuanfangs auf Gottes Weisung hin verstehen. Als Stichwort fällt mir das von Karl Barth gebrauchte »Vorwärts« Gottes ein, dass in seiner Lehre von der ›Umkehr‹ als Folge des Erwecktwerdens von Gott auf den Bruder,

1 Roland Gradwohl, Bibelauslegungen aus jüdischen Quellen Bd. 2, 201.

auf die tätige Liebe und die Verantwortlichkeit im öffentlichen Leben hinweist.[2]

Gerade im Gegensatz zum ersten Abschnitt besticht der zweite Textkomplex durch den nüchternen Sprachgebrauch. Die Sachlichkeit der Weisungen und ihre Verortungen in das tägliche Leben, in den Alltag der Menschen hinein gibt bis zum heutigen Tag die Richtung der Paränese vor. Wichtig ist auch, dass Jesajas Opferkritik keineswegs der Abschaffung des Kultes den Boden bereiten will, wohl aber der Vorstellung, die Opfer wirkten ex opere operato. Entscheidend bzw. ausreichend ist nicht die Handlung an sich (das gilt auch für das Beten, das Jesaja analog setzt!), entscheidend ist das intakte Bundesverhältnis zu Jahwe selbst.

Das will für die Predigt festgehalten werden, denn natürlich stellt sich die Schwierigkeit, wie ich dieses Wort, das Jesaja seinem Volk Israel in einer ganz bestimmten Situation in Jerusalem zu Gehör brachte, in unsere Zeit hinein übersetzen kann, ohne es zu historisieren und oder ohne es vorschnell zu vergegenwärtigen.

Die eine Klammer liegt also in der Nüchternheit, die andere möglicherweise im Verständnis der von Gott eingeforderten Bußhaltung, die Jesaja zu Gehör bringt und mit der wir uns in der Berliner Großstadtgemeinde an diesem Buß- und Bettag auseinandersetzen sollen.

Hilfreich ist dabei ein Blick zurück an die Wittenberger Schlosskirchentür:

M. Luthers erste These hieß: »Da unser Herr und Meister sagt: ›Tut Buße‹ usw. (Matth 4,17) wollte er, dass das ganze Leben der Gläubigen Buße sein solle.«

Der Aufruf zur Buße war ein Initialakt des öffentlichen Auftretens. Nicht erst bei Luther, sondern auch bei Johannes dem Täufer, auch bei Jesus selbst und eben auch: schon bei Jesaja. Schon dieser erste Befreiungsschlag Luthers gegen die mittelalterliche Buß- und Ablasspraxis stellte die Gläubigen in die dialektische Spannung des Lebens eines Christenmenschen. Denn, werden auch alle Fesseln von kirchlich verordneter Buße abgeworfen, frei sind wir noch lange nicht. Gerade in den ersten vier der 95 Thesen Luthers wird deutlich: der Bußruf Jesu erstreckt sich auf das ganze Leben. Buße lässt sich weder auf das (von Luther schon hier in Frage gestellte) Bußsakrament, noch – vgl. Jesajas Kultkritik – auf

2 Karl Barth, KD IV/2, 1995, 626 ff.

bestimmte Tage oder Riten einschränken. Sondern, die Buße realisiert sich im Leben der Gläubigen selbst.
Hier finde ich den Gleichschritt mit Jesajas Forderung.
Der evangelische Sinn der Buße profiliert sich besonders in CA 12, wonach sich die Buße aus zwei Teilen zusammensetzt. Aus der contritio (Reue, erschrockenes Gewissen) und der fides (Glauben). Die Reue und der Glaube – nebeneinander, nicht hintereinander – werden als die Träger der Buße beschrieben. Durch den Bußakt wird nicht etwas wieder hergestellt, was durch die Sünde zerstört wurde, sondern es findet eine Rückbesinnung an das durch die Taufe ein für alle Mal tragende ›sola fide‹ statt. Nicht die Buße ist der Fels, sondern das den Glauben tragende Wort. (Luther, WA 6,529)
Diese Verzahnung bewahrt auch hoffentlich davor, den Gottesdienst oder besonders die Predigt gesetzlich gerieren zu lassen.
Aber wie nun diesen prophetischen Text der hebräischen Bibel in unsere Zeit hineinversetzen? Die Versuchung ist groß, in die Zeit Jesajas zu verschwinden und sein damaliges Anliegen zu schildern. Peter Welten etwa schlägt einen narrativen Einstieg vor[3], warnt aber davor, rechtzeitig wieder aus der Zeit Jesajas ›auszusteigen‹, um dann auf Heute sprechen zu kommen.
Der direkte Weg aber, den Text in unsere heutige Welt hineinzukonkretisieren; in eine Zeit, da weder unsere Kirchen den Vorhöfen des Tempels gleichen, wo also Gefahr drohte, vor frommen Eifer niedergetrampelt zu werden, noch eine Opferpraxis zelebriert wird, ist er begehbar?
Ist es nicht im Gegenteil so, dass die im Text gipfelnde Weisung »Gutes zu tun« in gewissem Maße etwa durch die Alternative Pflegeversicherung statt gesetzlicher Feiertag zur Wirkung kommt? Hat sich durch dessen Wegfall nicht gerade ein Stück ethische Gerechtigkeitsforderung für den Alltag realisiert?[4]

3 Peter Welten, Calwer Predigthilfen, VI/2, 242.

4 Friedemann Merkel etwa sieht darin eine mögliche Begründung für den verhältnismäßig schwachen Einspruch der Kirche: »Die Option für die Pflegebedürftigen ließ bewusst oder unbewusst einen, theologisch auch mit unserem Text begründbaren, Verzicht auf einen stark binnenkirchlichen konfessionellen Feiertag möglich, vielleicht sogar nötig machen.« Ders., GPM 50/1995/1996, 449.

Ein Blick über den Tellerrand kirchlicher Praxis, über die Kirchenmauern hinaus, lässt aufmerken. Es hat nämlich in ganz erstaunlichem Maße eine Verschiebung der Bußpraxis stattgefunden.
Aus den ehemals zeitweise monatlich und dann jährlich regelmäßig wiederkehrenden Buß- und Bettagen, die immer öffentlichen Charakter hatten, bis hin zum nur noch innerkirchlich begangenem Buß- und Bettag in heutiger Zeit vollzog sich auch innerlich ein Wandel. Der öffentliche und eben auch politisch motivierte Aspekt geriet im Laufe der letzten Jahrhunderte zusehendst zu einem individuellen Akt, »machte einem stärker auf den einzelnen bezogenen Verständnis von Buße und Bitte Platz«[5]. In unserem religiös neutralen Staat wird er als rein kirchlicher Tag von Kirchenfernen kaum noch zur Kenntnis genommen und gerät so zusehendst zu einer Nischenveranstaltung. Der Auftrag der Kirche, am Buß- und Bettag das Wächteramt gegenüber den Sünden unserer Gesellschaft auszuüben, scheint nur noch schwer zu realisieren zu sein, denn die Öffentlichkeit nimmt kaum noch Kenntnis von ihm.
Die Gemeinden sollten diesen Auftrag aber nicht vergessen, sondern das Amt weiterhin übernehmen. Natürlich muss jede klerikale Überheblichkeit der »Welt« gegenüber ausgeschlossen sein. Vielmehr sollte die öffentliche Benennung der Sünden unserer Zeit in ein fürbittendes Eintreten der Kirche für unsere Schuld in der Welt vor Gott münden. Erst im Anschluss daran verstehe ich den Buß- und Bettag als einen Raum der individuellen Gewissensprüfung. Auch Jesaja nimmt schließlich das Volk als Ganzes in den Blick und nicht das Seelenleben des Einzelnen.
Interessanterweise ist aber auch der individuelle Aspekt von Beichte und Buße aus den Kirchen ausgewandert. Die öffentliche und gänzlich individualisiert vorgetragene, häufig reuevolle Beichte mit Vergebungsbitte lebt in den nachmittäglichen Talkshows weiter und schreit nach der Absolution durch ModeratorInnen und mit den Füßen stampfenden oder mit den Händen klatschenden Publikums. Auf dem Opferaltar der Fernsehsender werden durch die Preisgabe innerster Seelenwindungen und Vergehen Bußrituale eingeübt, die jede mittelalterliche Bußpraxis überbieten. Die von den Reformatoren überwundene Dreiteilung des römi-

5 Karl-Heinz Bieritz, Das Kirchenjahr, München 1986, 159.

schen Bußsakramentes – Reue, Beichte und Genugtuung – hat schelmisch wieder Einzug gehalten.
Die Talkshows als öffentlicher und gänzlich unpolitischer Beichtstuhl der Nation?
Abgesehen davon, dass die uns eigene menschliche Würde – geschenkt durch die Ebenbildlichkeit Gottes – hier mit Füßen getreten wird, ist es fatal, dass zugleich allein durch das mediale Bekennen und die Ausstrahlung in die nachmittäglichen Wohnzimmer der Nation die Rechtfertigung, die Selbstrechtfertigung vollzogen scheint.
Die Kirchen als Orte, die Gottesdienste als Handlungsräume scheinen für Reue, für Buße, für Beichte kein Asyl mehr zu bieten. Als letztes Refugium das Sündenbekenntnis im gottesdienstlichen Curriculum – vorgebetet, mitgehört, und mit dem Amen zur Seite gelegt – verhilft nur wenig dazu, hier wieder Sprache und Ausdruck zu finden.

Der Kasus Buß- und Bettag
Seit 1995 stehen die protestantischen Gemeinden vor der Aufgabe, den Buß- und Bettag nicht mehr unter der Prämisse des gesetzlichen Feiertages zu begehen. Ein Feierabendgottesdienst zu 18 Uhr etwa trüge dem Rechnung, zu erwägen ist auch ein Feierabendmahlsgottesdienst.
Überlegenswert erscheint es, das Element des Bußetuns oder der liturgisch formulierten Reue in den Gemeinden wieder so einzuüben, dass es zu einem konkreten Anlass in Politik und Gesellschaft zu ad hoc Bußtagen über den einen hinaus kommen könnte. Diese praxis pietatis könnte in den Gemeinden etwa durch eine stärkere Einbindung von Gemeindegliedern bei der Formulierung von Sünden- oder Schuldbekenntnis eingeübt werden. In diesem Jahr etwa hätten wir gut daran getan, die Missstände in Landwirtschaft und Viehzucht (Stichwort: BSE- Skandal und Maul- und Klauenseuche) in der Bundesrepublik und im europäischen Ausland auch in ad hoc ausgerufenen Bußgottesdiensten zu thematisieren und zur Sprache zu bringen.

Predigtidee

Umkehr gegen Konsumsteigerung. Unser Scheitern, das auf Vergebung angewiesen ist.

Predigtthema

Ein bisschen Buße – und viel Vergebung?

Vorschläge zur Liturgie

Eingangsgebet

Gott, versammelt haben wir uns vor dir als eine kleine Schar. Gekommen sind wir in dein Haus, um dich anzurufen, um dein Wort und deine Weisung zu hören. Bitten wollen wir dich um ein offenes Herz und um einen klaren Verstand, bitten wollen wir dich um das Vertrauen in deine Gnade, dass wir hier und heute am Buß- und Bettag all das erinnem können, was uns von deinem Willen trennt, und bekennen können, was wir versäumt und unterlassen haben. Dass bitten wir dich um deines lieben Sohnes Willen, der uns zum Bruder wurde und der bei dir ist von Ewigkeit zu Ewigkeit.

Sündenbekenntnis

Anstatt eines gänzlich vorformulierten Sündenbekenntnisses, soll im Rahmen der Konfirmandenarbeit die Beschäftigung mit dem Kasus Buß- und Bettag die Konfirmanden dazu befähigen, an dieser Stelle im Gottesdienst jeweils ein von ihnen wahrgenommenes Unrecht oder Vergehen des öffentlichen oder privaten Lebens zu benennen und der Gemeinde vorzutragen. Eine Einbeziehung weiterer, dann spontaner Voten der Gottesdienstgemeinde wäre schön und sollte sich daran anschließen können.

Liturg/Liturgin

Gott der Barmherzigkeit, wir stehen mit offenen Händen vor dir. Wir wissen, dass unsere Schuld uns von dir und voneinander trennt. Wir hoffen darauf, dass deine vergebende Liebe größer ist als wir es je verdienen. Wir vertrauen darauf, dass in dir ein neuer Anfang möglich ist. In diesern Vertrauen wollen wir bekennen:

Konfirmand/Konfirmandin (im Wechsel)

Wir bekennen ...

Gnadenzusage

Gott hat Geduld mit uns und will nicht, dass jemand zugrunde geht. Sondern Gott möchte, dass alle Gelegenheiten finden, von ihrem falschen Weg umzukehren. Darum: Ehre sei Gott in der Höhe![6]

Lieder

- Komm in unsre stolze Welt (EG 428)
- Wach, wach auf, du deutsches Land (EG 145)
- O Herr, nimm unsre Schuld (EG 235)

Vorschlag zur Predigt

Möglicher Anfang

Es gibt ihn, diesen klammheimlichen Übermut gegenüber vergangenen Zeiten, diese selbstsichere und sehr satte Vorstellung, Menschen vorhergehender Generationen hätten noch Verhaltensweisen an den Tag gelegt und Rituale zelebriert, die wir zu tun heute nicht im Sinn haben.

Wir belächeln bestimmte Gewohnheiten unserer Vorfahren, und der Anlass zu diesem Belächeln wird getragen von der Vorstellung, dass einfach immer alles besser und schöner wird und wir in einem unverbesserlichen Fortschrittsglauben leben können.

Wir kennen das im privaten und im öffentlichen Leben, wir kennen das bis ins religiöse Leben hinein. Die Vorstellung etwa, die der Prophet Jesaja uns in seinem Wort an die Jerusalemer Kultgemeinde von eben dieser gibt, verführt leicht zu solch einer historischen Überheblichkeit. Von Opfern, ja von blutigen Brand- und Speiseopfern, ist da die Rede, von wie im Rausch abgehaltenen Gottesdiensten.

Das liegt uns Heutigen ferne. Zudem: Als Christen müssen wir keine Opfergottesdienste feiern, weil wir in dem Glauben zusammenkommen, dass Gott seinen Sohn für uns geopfert hat, ein für allemal. Und wir zertreten auch nicht die Vorhöfe unserer Kirche, sittsam geht es hier zu und sehr übersichtlich ...

6 Nach 2. Petrus 3,9 aus: Heidi Rosenstock/Hanne Köhler, Du Gott, Freundin der Menschen: Neue Texte und Lieder für Andacht und Gottesdienst, Stuttgart 1991, 73.

Zum weiteren Verlauf

Es geht mir darum, eine Verbindung herzustellen zwischen dem, was Jesaja an der Jerusalemer Kultgemeinde kritisiert, und dem, was wir in unserer so reflektierten und durch und durch rationalisierten Gesellschaft an profanen Orten an Opferkult zelebrieren, wo wir heute außerhalb der Kirchen Handlungen vollziehen, die – gleichwohl gut gemeint – nur vordergründig Akte der Beichte, der Reue und der Buße sein können.

In diesem Zusammenhang soll die bereits thematisierte Macht der Medien, die in den letzten Jahren auf geradezu obszöne Weise religionsgeschichtliche Traditionen ausplündert, aufgeführt werden. Wir haben teil daran, indem wir ihrer Faszination unterliegen. Dreh- und Angelpunkt ist die Ansage, dass wir an diesem Buß- und Bettag nicht nur feststellen müssen, dass wir uns keineswegs über die Kultpraxis im einstigen Jerusalem überheben können, sondern dass wir – wenn auch in anderen Feldem – an der von Gott und durch Jesaja zur Sprache gebrachten eingeforderten rechten Bußhaltung kläglich versagen und genauso scheitern.

Deswegen gilt dieses eben nicht nur religionsgeschichtlich interessante Wort des Propheten bis heute. Auch wir bringen Opfer (die Pflegeversicherungsregelung anstelle des allgemeinen Feiertags etwa verstehe ich als solch ein Bemühen), bemühen uns redlich zu sein, indem wir bei Katastrophen, die uns medial ins Wohnzimmer geschleudert werden, erhebliche Summen spenden: Auch wir unterstützen die diakonische Arbeit der Kirchen, aber bitte: alles auf Distanz, damit eben kein Schmutz, kein Blut und kein Elend an uns herankommen möge.

Doch der hilfsbereite reichlich strömende Geldfluss wirkt genauso wenig ›ex opere operato‹ wie jedes übertriebene Kultgebaren. Beide verfehlen das Kernstück der von Gott eingeforderten Gerechtigkeit.

Möglicher Schluss

Wir hören von Jesaja, worin Gottes Anspruch besteht. »Wascht euch, reinigt euch, tut eure bösen Taten aus meinen Augen, lasst ab vom Bösen! Lernet Gutes tun, trachtet nach Recht, helft den Unterdrückten, schaffet den Waisen Recht, führet der Witwen Sache! (Jes 1,16–17)

Wir wissen darum, hören in unseren Gottesdiensten und Gesprächskreisen vom Tun und Handeln Jesu, der in eben dieser Tradition steht. Und wir scheitern doch immer wieder daran. Es gehört wohl dazu, dieses

Scheitern; es gehört zu unserer irdischen Existenz. Und wir müssen da auch keinem etwas vormachen, oder uns in Rechtfertigungszwang setzen lassen, dass wir als Christen doch eigentlich alles besser machen müssten.
Jesus wusste um unser tägliches Scheitern. Hätte er uns sonst im Vaterunser Sätze geschenkt wie diese: »Vergib uns unsere Schuld« und »führe uns nicht in Versuchung« und »erlöse uns von dem Bösen«? Ich meine nein. Und so dürfen wir immer wieder Gott darum bitten, wenn wir uns wieder und wieder in Schuld und Unrecht verstricken in unserem alltäglichen ganz privaten Leben, aber auch in unserer Gesellschaft und Politik, dass er uns vergeben möge.
Unser Scheitern ist gewissermaßen mit uns verbunden wie unser Schatten. Aber was durch diesen finsteren Schatten hindurchscheint, ist das Angebot Gottes, es immer wieder neu zu versuchen und das zu werden, was wir vor ihm mit unserer Taufe und durch den Glauben sind: Kinder Gottes. Die sinnbildliche Möglichkeit, einzuhalten in unserem Tun und zur Besinnung zu kommen und Gottes Angebot wieder neu zu ergreifen, schenkt uns dieser Buß und Bettag.

Zur Gestaltung

Der Gottesdienst sollte in einem sehr nüchternen Sinne durchgeführt und auf Aktionen eher verzichtet werden. Der steinerne Altar sollte schmucklos auskommen, nur mit dem Kreuz und der Bibel versehen.

Kontext

Meine hoffnung heißt reue
ohne sie waren die menschen nie menschen
ehe die welt geformt wurde
hat gott die reue geschaffen
zusammen mit der thora dem weg zum leben
und dem namen des messias
wurde sie geschaffen uns zu helfen
und in jedem augenblick

so sagen die mütter israels
können wir umkehr tun
es gibt keinen ort noch zeit
in der umkehr nicht möglich wäre

meine hoffnung heißt teschuwa die umkehr
ihre mutter heißt reue und weint
über das was sie angerichtet hat
sie wendet sich um und geht
langsam einen fuß vor den anderen setzend
in die andere richtung
sie macht vorschläge und eingaben bei den behörden
sie hat angst vor der bürokratie aber noch größere
vor dem ersticken
es ist ihr peinlich vor den nachbarn
aber noch peinlicher vor den enkelkindern
sie tut sich zusammen mit vielen
sie sagt klein nicht noch größer
sie sagt langsam nicht noch schneller
sie sagt sanft nicht mit gewalt
sie produziert nicht sie heilt
sie plündert nicht sie balanciert
ihre mutter heißt reue und weint

meine hoffnung heißt teschuva die umkehr
und meine mütter sagen es gibt keinen tag und keine stunde
für niemanden in der welt
an dem die umkehr nicht möglich wäre

Dieser Text empfiehlt sich als alternative Lesung, eingebunden durch sehr ruhige Musik eines Soloinstrumentes.

Dorothee Sölle, »Tränen der Schöpfung«, aus: Zivil und ungehorsam.

Text aus »Sunt lacrimae rerum«, Oratorium für den Planeten des Lebens. Musik: Daniel Claus. Texte: Kurt Marti, Adolf Muschg und Dorothee Sölle. Erstaufführung 25. und 26. November 1989 im Berner Münster

Tipp zum Text

Dorothee Sölle, zivil und ungehorsam. gedichte, berlin 1990

Gedenktag der Entschlafenen
Der Brief an die Hebräerinnen und Hebräer 4,9–11

Stefan Claaß

Exegetisch-homiletische Skizze

Was für ein Aufeinandertreffen: Eschatologische Steilvorlage prallt auf Gemeinde aus Trauernden und Mitfühlenden, aus nahem und weitem Umfeld von Glaube und Kirche. Warnung vor Ungehorsam und Zusage von Gottesruhe mit ausführlicher Begründung aus der Hebräischen Bibel treffen auf Menschen, denen die Sterbens- und Trauererfahrungen der letzten Monate an diesem Morgen neu geweckt werden.

Wieder einmal gewinnt der Ausdruck »Bibelabschnitt« konkrete Bedeutung – ohne den Zusammenhang von 3,7 bis 4,13 sind wir in der Tat abgeschnitten vom Briefschreiber. Er freut sich über den durch Christus geöffneten Weg, in die Ruhe Gottes einzugehen, er mahnt die Hörenden, im Vertrauen auf Gott nicht nachzulassen. Er verknüpft auf eigene und tiefgründige Weise Präsenz und Zukünftigkeit eschatologischen Heils. Der Schreiber sieht die zukünftige Ruhe Gottes dem gläubigen Endzeitgeschlecht offenstehen. »Diese recht eigentümlichen Aussagen werden verständlicher von jüdisch-alexandrinischen Kontexten her, in welchen die Kategorien von Raum und Zeit theologisch hinterfragt werden. Nach Philon bedarf es nicht einer Überwindung kosmischer Räume, wenn es darum geht, in den Ort Gottes einzutreten und so am Wesen Gottes Anteil zu haben, denn »über« dem Kosmos ist nicht ein Ort, sondern Gott, der sein eigener Ort ist, der von keinem Ort umfangen wird, die Gottheit ist »überall und nirgends«. (Harald Hegermann: Der Brief an die Hebräer, Berlin 1988, Seite 108). Der Briefschreiber sieht die Erfüllung menschlicher Existenz schlechthin in dem Eintreten in die Ruhe Gottes. Bisher stand diesem Eintreten die Sünde, der Ungehorsam, das mangelnde Gottvertrauen im Wege – durch Christus ist der

Eintritt frei. Auf der anderen Seite gehört das »Bleiben« unbedingt dazu. Pointiert findet sich diese Überzeugung in 3,14: »Wir sind Teilhaber des Christus geworden – wenn wir die Festigkeit des Anfangs bis zum Ende festhalten.« (a.a.O., 109) Vers 4,11 bliebe ohne diesen Zusammenhang also völlig unverständlich.

Um welche Kernpunkte drehen sich die Überlegungen des Schreibers? Da ist zuerst die Rede von der Ruhe Gottes. Sie ist das Ziel menschlichen Lebens: wahre Gottesnähe und Gottesgemeinschaft – wie das Ankommen im verheißenen Land Ziel war für die Israeliten und wie der Sabbat Ziel war in Gottes Schöpfung.

Dazu hören wir vom »Ungehorsam«. Ich möchte ihn angesichts der zitierten Erfahrungen aus dem Ersten Bund (Ex 17; Num 20) übersetzen als Hadern mit Gott, als schwankendes Gottvertrauen. Der Briefschreiber drängt uns, bei Gott zu bleiben, Gott in Notsituationen auch gegen den eigenen Augenschein zu vertrauen.

Und die Gemeinde?

Heute, wenn ihr seine Stimme hört ... Da wäre gut, über diese Predigtvorbereitung zu beten: dass Gottes Geist es schenken möge, die Menschen der Gemeinde genauso engagiert anzusprechen wie der Briefschreiber selbst, unsere Hörerschaft so bei ihren Erfahrungen abzuholen, wie er es bei den Damaligen tat.

Wenn wir das Motiv der Ruhe aufgreifen, wird alles davon abhängen, wie wir es einführen. Allzu leicht kann es hinübergleiten in die Welt der Totenruhe und des Schweigens. Aber es geht um eine andere Ruhe, um eine lebendige, gefüllte Ruhe in Gottes Schoß, um Teilhabe an Gottes Leben. Darum bitte nicht die Predigt beginnen mit Verlesung der Verse 4,9–11.

Ich werde dem Briefschreiber folgen und die bekannten Erfahrungen des Haderns zu Wort kommen lassen: Bist du noch da, Gott? Was ist los? Anschauung gibt es im Raum der Gemeinde genug. Ich sehe das junge Ehepaar, das sein lang ersehntes Kind mitten in der Schwangerschaft verloren hat. Ich sehe den Konfirmanden, der nach der Beerdigung seiner Mutter den irischen Segen aufschreiben wollte. Ich sehe nach Monaten wieder ein Geschwisterpaar, dem die Beerdigung des Vaters nicht kurz und nüchtern genug sein konnte – aus Angst vor eigenen Gefühlen; sie hatten im Alter von 30 Jahren noch nie eine Beerdigung erlebt. Ich sehe den Sohn, der sich nicht traut, erleichtert zu sein über den Tod seiner zänkischen Mutter: »So lasst uns nun bemüht sein, zu dieser Ruhe zu kommen.«

Ich spüre und höre die Erwartung in der Gemeinde, etwas zugesprochen zu bekommen, hineingenommen zu werden in Sprachübungen der Hoffnung über unseren Horizont hinaus. »Ich glaube schon, dass es da noch etwas gibt ...«, sagen manche im Trauergespräch.
Der Briefschreiber gibt uns dafür das nicht verbrauchte Wort der Gottesruhe in den Mund, damit wir es in unserer Sprache nachbuchstabieren.
Und dann: jetzt schon auf diese Ruhe Gottes hin leben, Gegenwart und Erwartung zusammenhalten, Gott diesseits und jenseits unseres Horizonts vertrauen, das möchte ich als Lebensentwurf empfehlen.

Predigtidee

»Wo bist du, Gott? Bist du noch da?« Menschliche Frage an der Grenze: Israeliten vor dem Verdursten. Christen vor dem Tod eines nahen Menschen. Angesichts der Situation an diesem Sonntag empfiehlt sich ein narrativer, konkreter Einstieg: An der Grenze.
Und dann: Widerspruch gegen die Grenze, gegen den Tod – Zuflucht zu Gott.
Alternative der leichteren Art: Zielerfahrungen, Sabbatfreude. Das Wochenende ist ein ersehntes Ziel nach mühevollen Arbeitstagen. Was ist, wenn das Wochenende ausfällt (Krankheit, schlechtes Wetter, Sonderschicht)? Dann war alle Mühe umsonst. Vorfreude auf ein gutes Wochenende hingegen verändert schon die Tage vorher. So lasst uns nun bemüht sein, zur Ruhe Gottes zu kommen.

Predigtthema

Leben vor und nach dem Tod

Vorschläge zur Liturgie

Kyrie
Gott, wohin sollen wir gehen? Wo finden wir wahrhaftiges ewiges Leben? Wir bekennen dir: Wir leben mehrere Leben. Einige davon gehören

dir, andere nicht. Wir vertrauen dir – und vertrauen doch nicht. Wir fragen – und fragen doch nicht nach dir.
Wohin sollen wir gehen? Wir kommen zu dir. Dir trauen wir zu, dass du unser Leben zusammenhältst als ein Ganzes. Darum nennen wir niemand anderen als dich »Kyrios«
– und bitten dich: Erbarme dich über uns.

Gnadenzuspruch

Ein hörendes Ohr und ein sehendes Auge, die macht beide der Herr.
Spr 20,12

Kollekte

Komm, Gott, lebensspendender und rettender Geist. Komm mit deinem Atem und belebe uns. Komm mit deiner Kraft und richte uns auf. Komm mit deiner Liebe und tröste uns.
Wir sehen dir entgegen, du unser Weg, unsere Wahrheit, unser Leben. Dir vertrauen wir uns an, lebendiger, wirkender, dreieiniger Gott – jetzt und in allem, was vor uns liegt.

Fürbitten

Eine/Einer: Du, Gott, hast dich deinem Volk bekannt gemacht mit dem Namen: Ich bin der, der mit euch geht. So bitten wir dich: Geh mit uns in die kommende Zeit.
Schenke uns offene Ohren, ein waches Herz und feines Gespür für deine Weisungen.
Wir rufen zu dir:
Alle: Vater unser ... wir bitten dich (EG Hessen-Nassau 558,1)
Eine/Einer: Was du uns schenkst, Gott: lass es nicht bei uns bleiben. Alle Gaben und Talente, die sich in unserem Leben entfalten: lass sie Hinweis sein auf deine Gegenwart in dieser Welt. Durch unser Hören und Reden, durch unser Musizieren und Malen, durch unser Trösten und Pflegen, Herr, lass dein Licht aufgehen in unseren Dunkelheiten.
Wir rufen zu dir:
Alle: Jesus Christ ... wir bitten dich (558,2)
Eine/Einer: Du Liebhaber allen Lebens: Wir bitten dich um die Kraft, teilen zu können – mit Menschen, die keine Schuhe haben, kein Brot, keine Sprache, keinen Lebensmut.

Dein Geist helfe uns, Gaben und Hoffnung zu teilen.
Wir rufen zu dir:
Alle: Heilger Geist ... wir bitten dich (558,3)
Eine/Einer: Vater, du rettest Leben. Wir bitten dich für alle, die im Schatten des Todes leben. Wir bitten dich für die Trauernden. Wir bitten dich für die Sterbenskranken in der Nähe und für die, die ihnen beistehen: für Familienangehörige und Freunde, für Mitarbeiterinnen im Pflegedienst und im Hospiz. Lass sie und uns alle schauen, dass Leben mit dir unsere Grenzen überwindet – auch den Tod. Wir rufen zu dir:
Alle: Vater unser ... wir bitten dich (558,1)
Eine/Einer: Du kommst uns entgegen, Gott. Wir freuen uns über deine Gegenwart mitten in unserem Leben. Dein Geist ist es, wenn Hass verhungert und Feindschaft versiegt. Dein Geist fülle radikale Herzen – rechte und linke Herzkammern, dein Geist fülle rechte und linke Gehirnhälften: Komm, Friedefürst, nach Israel und Palästina, nach Afrika und Asien, nach Australien und Amerika, komm nach Europa, komm zu uns, wir rufen zu dir:
Alle: Jesus Christ ... wir bitten dich (558,2)
Eine/Einer: In der Stille öffnen wir dir unser Herz ... wir rufen zu dir:
Alle: Heilger Geist ... wir bitten dich (558,3)

Lieder

»Ich lobe meinen Gott, der aus der Tiefe mich holt« (EG 638 Hessen-Nassau); »Auf der Spur des Hirten« (EG 616 Hessen-Nassau); »Sanftmut den Männern« (EG 633 Hessen-Nassau); »Von deinen Worten können wir leben« (Manfred Siebald, Hänssler-Verlag); »Meine Seele ist still« (Paul Toaspern, Hänssler-Verlag); »Bei Gott bin ich geborgen« und »Im Dunkel unsrer Nacht« (Jaques Berthier, Christophorus-Verlag); »Alles Leiden, alles Sterben« (Erlösungschoral nach Mel. EG 325 von Detlev Block in: Erde, atme auf, Göttingen 2001, Seite 129)

Vorschlag zur Predigt

Möglicher Anfang

Kennen Sie noch den alten Bahnhof Friedrichstraße in Berlin? Sie betreten jetzt das Staatsgebiet der Deutschen Demokratischen Republik.

Überschreiten der weißen Linie nur nach Aufforderung. Passkontrolle: Machen Sie mal das linke Ohr frei. Gepäckkontrolle: Was sind denn das für Bücher? – Theologiegeschichte des 19. Jahrhunderts für einen Freund. – Das haben wir noch nicht auf der Liste. Wir müssen das überprüfen. Geh'n Sie mal da drüben in den Raum. Keller, Neonlampe. Tür schließt sich. Innen keine Klinke. Zum ersten Mal im Leben kein Ausweg. Platzangst. Stoßgebet: Gott ... ich bin hier eingesperrt. Herr, hilf!
Grenzen können Angst auslösen, machen unsicher. Nicht nur politische Grenzen. Auch wenn wir an die Grenzen unserer Kräfte kommen, suchen wir nach Hilfe. Bist du da, Gott?
Oder hast du mich, hast du uns vergessen?

Zum weiteren Verlauf

Ich steige ein in die Geschichten vom Haderwasser (Ex 17, Num 20). Die Israeliten sind am Ende. Wozu hat Gott uns aus Ägypten befreit – wenn wir jetzt in der Wüste verdursten?
Wir kennen solche Fragen. Am Ende der Kräfte, am Ende der Hoffnung. Erfahrungen an der Grenze des Todes. Bist du da, Gott? Unruhig ist unser Herz, bis es ruhig wird in Gott.
Gott kennt unser Hadern angesichts von Rückschlägen, Not und Tod. In Christus hat er unser Leben gelebt – gegen den Augenschein. Gottes Sohn nicht als Augustus, sondern als Zimmermann aus Nazareth. Nicht auf dem Thron, sondern am Kreuz. Nicht vorübergehend, sondern Leben teilend, Brot und Wein und Worte. Nicht abwesend in Not und Tod, sondern dabei. Bist du da, Gott? – Ja, wie bisher, so auch an der Grenze. Solange ihr nur auf eure eigenen Kräfte schaut, seht ihr Mangel. Ich bin bei euch, vertraut mir! –
Was können wir tun, um dir zu vertrauen? – Nichts, nur vertrauen.
Was ist mit den Toten, die nichts mehr tun können? – Sie dürfen zur Ruhe kommen.
Lektorin/Lektor: Lesung Hebr 4,9–11.
Ruhe beschreiben als Gemeinschaft in Gott: Durchatmen, Schauen, Erinnern ...
Was uns für die Ewigkeit verheißen ist, lässt aber jetzt schon ahnen und finden. Die Predigerin, der Prediger mag an dieser Stelle vielleicht konkrete Erfahrung von Ruhe aufleuchten lassen, wie sie ein wahrer Sabbat bringt.

Ich werde eine Reiseerfahrung erzählen aus den USA. Aufenthalt im Bryce Canyon, wo es wunderbare Sandsteinformationen zu betrachten gibt. Wind, Regen und Erosion haben Gebilde geschaffen, in denen man Queen Victoria, Tiere, Möbelstücke und anderes erkennen kann (wie im »Wolkentheater« am Himmel). Der Canyon zeigt Vergänglichkeit, schöne Lebensformen, die wieder vergehen werden. Von dort geht die Reise weiter zum Grand Canyon: seit Jahrhunderten erhabene Größe, man spürt den Atemzug Gottes, tausend Jahre wie ein Tag ... und doch voller Leben. Brücke zwischen Zeit und Ewigkeit. Sabbatruhe Gottes, die aus der Ewigkeit hereinströmt in unsere Welt.

Möglicher Schluss

Das macht den Unterschied: wenn wir die Toten bei Gott zu Hause wissen. Das macht den Unterschied, wenn wir auf einen Friedhof kommen: Grabesstille oder Ruhe Gottes? Stummes Umschauen oder Gespräch mit Gott? Der Friedhof ist ein ganz wichtiger Grenzposten, um zu beten und mit Gott zu sprechen. Davon hängt alles ab: wie wir die Ruhe Gottes vorausempfinden. »So lasst uns nun bemüht sein, zu dieser Ruhe zu kommen«, heißt es im Hebräerbrief. Ich wünsche Ihnen allen, dass Sie an den Gräbern, die Sie besuchen, Widerspruch einlegen können gegen den Tod: er hat nicht das letzte Wort. Ich wünsche Ihnen, dass die Gräber Orte solcher Ruhe werden. Orte, an denen Sie für sich aus der Ruhe Gottes neue Kräfte schöpfen für den Aufbruch in das Leben, das vor Ihnen liegt.

Symbole, Aktionen

Nach der Predigt: Die Namen der Verstorbenen werden verlesen. Für jeden Namen wird eine Kerze entzündet und am Taufbecken abgestellt. Namensschilder liegen dabei, damit die Angehörigen die Kerze am Ende mit nach Hause nehmen können. Eine Kerze wird entzündet ohne Namen. In der Stille kann jede und jeder für sich Namen einsetzen. Nach je fünf Namen singen wir EG 175 (Ausgang und Eingang) oder Dans nos obscurités/Im Dunkel unserer Nacht (Taizé). Am Ende beten wir für den Menschen aus unserer Mitte, der als Nächster sterben wird.

Kontexte

Ernähre meine Augen, / Herr, sieh du mich an, / damit der Tod sie nicht / mit Finsternis füllt. / An deiner Hilfe möchte / ich satt mich sehen.

Hast du mich vergessen? / Versagst du deinen / Lichtblick mir? / Hol mich heraus / aus allem Ungewissen.

Arnim Juhre, »Hast du mich vergessen? (Psalm 13)«, aus: ders., Der Schatten über meiner Hand

Was einer ist, was einer war, beim Scheiden wird es offenbar. Wir hören's nicht, wenn Gottes Weise summt. Wir schaudern erst, wenn sie verstummt.

Hans Carossa

Wissen Sie, wo Sie begraben sein möchten? Wieso weinen die Sterbenden nie?

Max Frisch, Halten Sie sich für einen guten Freund, Frankfurt 1995, Seite 92

Eine Texanerin verfügte letztes Jahr, sie wolle mit einem kleinen Löffel beerdigt werden. »Es ist wie bei einem guten Essen«, erklärte sie, »das Beste kommt immer am Schluss!«

Ewigkeitssonntag

Der 2. Brief des Petrus 3, (3-7) 8-13

Gerlinde Wnuck-Schad

Exegetisch-homiletische Skizze

Der zweite Petrusbrief ist deutlich ein Zeugnis nachapostolischer Zeit (Mitte des 2. Jahrhunderts) mit eng geführter apologetischerArgumentation: »zu orthodox triumphalistisch und moralisch zu bieder zugleich« (Henning Schröer, in: Göttinger Predigtmeditationen 95. Jahrgang, 1996/8, Seite 461). Der Verfasser weiß um die Krise der Hoffnung in den christlichen Gemeinden angesichts des Ausbleibens der Parusie. Dazu nähren »Spötter« (3,3) den Zweifel in den eigenen Reihen. Im Bemühen traditioneller Glaubensformeln und -bilder versucht Vf. die Gemeinde wieder auf Kurs zu bringen.
Am Ewigkeitssonntag bzw. Totensonntag kommen Menschen zum Gottesdienst im Gedenken ihrer im ausgehenden Kirchenjahr verstorbenen Angehörigen. Fragwürdig scheint da die nun vorgegebene Perikopenauswahl, die wohl im Rahmen einer Bibelarbeit genügend Impulse vermitteln kann, aber dem seelsorglichen Anspruch wenig zuträgt. So empfehle ich, die komplizierte Argumentationskette der Gesamtperikope einzuschränken, von den Versen 3 bis 7 abzusehen und den verbleibenden Predigttext 3,8–13 mit existentialer Interpretation zu durchdringen. Die eine Grunderfahrung menschlicher Existenz, die sich im Text spiegelt, ist damals und heute dieselbe: sie wird erlebt und durchlitten in der dynamischen Spannung zwischen Furcht und Hoffnung, Hoffnung und Furcht, die wie zwei Stimmen in einer Brust miteinander ringen.

Predigtidee

Kaum einer wartet heute ernsthaft auf einen neuen Himmel und eine neue Erde, aber viele hoffen, dass in ihrem Leben durch Gottes Hilfe auch Neues und Gutes geschieht.

Predigtthema

Hoffnung überwindet Furcht

Vorschläge zur Liturgie

Votum
Unser Anfang geschehe im Namen Gottes.
Quelle des Lebens.
Gesicht der Liebe in Jesus Christus.
Unerschöpfliche Kraft im Heiligen Geist.

Psalm 126

Eingangsgebet
Du, Gott, Antwort auf unsere Fragen
du hast versprochen, dass du einst abwischen wirst alle Tränen – dann werden die Fragen verstummen und wir werden dich preisen. – Schenke es uns, dass wir dieses Bild der Hoffnung in unserer Seele bewahren.

Aus: Der Gottesdienst, Band 1, hrsg. v. Erhard Domay und Hanne Köhler, Gütersloher Verlagshaus GmbH, Gütersloh 1997, Seite 351

Fürbittengebet
Gott,
so bergen wir uns in die Hoffnung, dass auch der kommende Tag geborgen sein wird in den weiten Gedanken deiner Liebe. Nimm uns damit die Angst, die kränkende Sorge, das Misstrauen und die Unruhe, als läge die kommende Welt in unseren verlorenen Händen. Hilf uns täglich zur Zuversicht, zur Geduld und zu einem weiten Herzen. Gib Frieden dort, wo wir ihn nicht schaffen. Tritt du in die Häuser der Menschen, die hassen. Den Verbitterten gib ein fröhliches Herz, die Fröhlichen bewahre vor Schrecken, den Sterbenden reiche die Hand. Uns allen, o Gott, deiner Kirche auf Erden gib tägliches Brot für den Leib und für die Seele und bereite den Weg zum ewigen Leben.

Aus: Michael Meyer, Nachdenkliche Gebete im Gottesdienst. Neue Fassung © Vandenhoeck & Ruprecht, Göttingen 1996

Lesung
Offb 21,1–7

Lieder
Wachet auf, ruft uns die Stimme (EG 147); Wir warten dein, o Gottes Sohn (EG 152); Der Himmel, der ist (EG153); Meine Zeit steht in deinen Händen (EG 644 Regionalteil Baden, Elsass und Lothringen, Pfalz); Dank sei dir Vater, für das ewge Leben (EG 227); Segenslied: »Gloria sei dir gesungen (EG 535)

Vorschlag zur Predigt

Möglicher Anfang
An einem Tag im November trafen sich die Hoffnung und die Furcht in einem großen, weit angelegten Garten. Sie begrüßten einander, gingen gemeinsam über Felder und Flur und unterhielten sich.
Die Hoffnung sprach von dem Wunder des Lebens und der geheimnisvollen Kraft, die in allem steckt. Aber die Furcht dachte daran, dass alles vergänglich ist – und das bekümmerte sie. Die Hoffnung sprach von der bezaubernden Stille der Natur und den Farben des Herbstes und wie alles vergehen muss, um neu zu werden. Die Furcht blickte auf, ihr Herz öffnete sich. Sie überlegte und stimmte dann allem zu, was die Hoffnung gesagt hatte; denn sie wusste von dem Glück dieses Augenblicks. Und sehr beredt berichtete sie vom Geheimnis der Verwandlung auf den Fluren und in den Wäldern.
Die Hoffnung und die Furcht sprachen lange miteinander und schließlich stimmten sie in allem überein, was sie sich erzählten.
In Anlehnung an die Erzählung »Die beiden Jäger« von Khalil Gibran, in: Der Wanderer, Goldmann-Verlag, 1987, Seite 100ff.

Zum weiteren Verlauf
Oskar Kokoschka fertigte 1914 Lithographien zur Bachkantate »O Ewigkeit, du Donnerwort«. Hier hat Johann Sebastian Bach fortlaufend in Musik und Wort den Dialog der beiden Seelen »Furcht« und »Hoffnung« inszeniert, wovon Kokoschka sich anregen ließ:
Die Furcht wirft ihre Hände auf die Brust, ihre Augen sind weit geöffnet, so geht sie durch die Zeit, begleitet von ihrer Schwester Hoffnung,

die mit weit erhobenen Händen die Macht des Dunklen, Ängstigendes und Unheilvolles, in Grenzen hält. Bewegung und Schwung, unbeirrbarer Zuspruch gehen von der Gestalt der Hoffnung aus, sprechen aus ihrem Blick: »Fürchte dich nicht, denn ich habe dich erlöst; ich habe dich bei deinem Namen gerufen; Du bist mein!« (Jesaja 43,1) Wer der Angst ins Gesicht starrt, erstarrt zur Angst. Wer auf die Stimme der Hoffnung in sich hört, geht seinen Weg durch die Zeit. Nur Hoffnung kann uns den Mut verleihen, in die Zukunft zu blicken und fest in der Gegenwart zu stehen, ohne vor ihr davonzulaufen: Hoffnung überwindet Furcht.

Hoffnung und Furcht wie auch Freude und Trauer sind treue Gefährtinnen auf unserem Weg. Lachen und Weinen fallen so oft in eins. Was ist der Mensch ohne Hoffnung? Wir brauchen diesen inneren Dialog so nötig wie Brot: »Ich fürchte, dass ich nicht hoffe; nur noch hoffe, dass ich noch hoffe« (Erich Fried, Lebensschatten. Gedichte, Verlag Klaus Wagenbach, Berlin 1985, Seite 97). Hoffnung nährt den Hunger nach Leben, selbst über die Erfahrung des Todes hinaus. Daran erinnert dieser Sonntag, der unseren Toten und dem Ewigen gehört und der die Furcht vor dem Ende allen (Zusammen-)Seins kennt und die Sehnsucht nach dem Vorschein des Ewigen in der Zeit wach hält.

Unser Predigttext steht in diesem Dialog von Hoffnung und Furcht.

Der Glaube an die letzten Dinge, an das Ende der Welt im Schmelztiegel hat eine lange Tradition. Er ist mit Angst besetzt, mit Furcht und Zittern. Gemälde in Klöstern, Kirchen und Ratsälen vergangener Jahrhunderte dokumentieren den Einfluss der Kirche auf das Glaubensleben der Menschen und die Wirkungsgeschichte der Endzeitverheißungen des Neuen Testaments.

Der zweite Petrusbrief ist darin gewissermaßen modern, dass er Spötter nennt (3,3), die das Ausbleiben der Endzeit und die Verzögerung der Wiederkunft Christi verlachen und etliche in der christlichen Gemeinde verunsichern (3,9).

Zeitgenössische Umfragen zeigen, dass »die Hoffnung auf eine Vernichtung dieser Welt und eine neue Welt Gottes, wie sie die biblische Apokalyptik lehrt auch bei Gottgläubigen so gut wie keine Rolle mehr spielt, und zwar nicht einmal für Theologen« (Klaus-Peter Jörns, Die neuen Gesichter Gottes, Neukirchen-Vluyn 1997, Seite 125). Kaum einer wartet heute ernsthaft auf einen neuen Himmel und eine neue Erde.

Der Glaube an die letzten Dinge ist dem Wissen um den unaufhaltsamen Untergang der Erde gewichen, welchen die schädlichen Eingriffe des Menschen in das Ökosystem noch beschleunigen. Wir leben in einem Zeitalter kollektiver Weltangst, dem die Bilder der Hoffnung fehlen. Die Hoffnung ist in eine Krise geraten.
Spurensuche: Hoffnung überwindet Furcht.
Jesus teilt Hoffnung aus wie ein Stück Brot. Er erweckt das Senfkorn Hoffnung im Menschen. Er erzählt von der Leidenschaft der Liebe Gottes, die sich ewig austeilt – schon jetzt. Er verkündigt die Hoffnungsbotschaft: »Die Zeit ist erfüllt, und das Reich Gottes ist herbeigekommen. Kehrt um (aus Wegen der Todesfurcht und Lebensangst) und glaubt an das Evangelium (der ewigreichen Liebe Gottes)« (Markus 1,15).
»Er hat Geduld mit euch und will nicht, dass jemand (in Furcht) verloren gehe, sondern dass alle umkehren (zur Hoffnung auf sein Heil).« (2. Petrus 3,9) Die Auferstehung Jesu Christi ist der Grund der Hoffnung, dass auch in unserem Leben jetzt Verwandlung noch möglich ist.
Wo geschieht Bewegung ... wo ist der Schwung der Hoffnung zu spüren ... wo sind noch Zeichen und Gesten ... unbeirrbare Worte ... Christinnen und Christen machen sich gemeinsam auf Spurensuche ihres Glaubens und üben sich in der Anwaltschaft der Hoffnung. Gemeinsam ist ihnen das Vertrauen, dass in ihrem (Zusammen-)Leben durch Gottes Hilfe auch Neues und Gutes geschieht.
Die Mahlfeier am Tisch des Herrn stärkt den Glauben an Gottes verwandelnde Kraft. Furcht vergeht. Hoffnung strahlt auf im Verborgenen, keimt im Dunklen und gewinnt im Licht der Auferstehung Jesu Christi unglaubliche Kraft. Neues entsteht.

Möglicher Schluss

Komm, Schwester Hoffnung. Bewege uns, schwinge in uns und höre nicht auf, das Lied der Hoffnung in den Tälern unserer Furcht zu singen. Komm und nähre uns mit dem Brot des Himmels. Stärke uns mit der neuen Gerechtigkeit, dass sie einziehe in unsere Häuser und Wohnungen und tanze auf unseren Plätzen und Straßen. Dann geht der neue Himmel auf über unserer Erde und wir spüren die Kraft der Verwandlung, die Jesus verheißen hat. Und wir glauben und wissen von neuem: Hoffnung überwindet alle Furcht.
»Der Gott der Hoffnung aber erfülle euch mit aller Freude und Frieden

im Glauben, dass ihr immer reicher werdet an Hoffnung durch die Kraft des heiligen Geistes« (Römer 15,13).

Gestaltungsidee

Bildverwendung: Oskar Kokoschka, Lithographie zur Bachkantate »O Ewigkeit, du Donnerwort« (1914)

Kopie aus: Meinrad Walter, Erschallet, ihr Lieder; erklinget, ihr Saiten!, Benziger Verlag 1999, S. 203

Kontexte

Der Eingangschor der Bachkantate »O Ewigkeit, du Donnerwort« setzt im Dialog der Alt-Stimme und Tenor-Stimme die Affekte der Furcht und der Hoffnung in Musik und Wort eindrucksvoll in Szene:

Furcht:
O Ewigkeit, du Donnerwort,
O Schwert, das durch die Seele bohrt,
O Anfang sonder Ende!
O Ewigkeit, Zeit ohne Zeit,
Ich weiß vor großer Traurigkeit
Nicht, wo ich mich hinwende;
Mein ganz erschrocknes Herze bebt,
Dass mir die Zung am Gaumen klebt.

Hoffnung:
Herr, ich warte auf dein Heil.

Choraltext zitiert nach: Meinrad Walter, Erschallet, ihr Lieder, erklinget, ihr Saiten!, Benziger Verlag 1999, Seite 186

Mit einem Gefühl, das Entsetzen wäre, aber dumpfer und weniger dramatisch ist, ja irgendwie fast einschläfernd, stelle ich fest, dass mich die nie mehr endenden Berichte über Unmenschlichkeiten und Ungerechtigkeiten bei uns und in aller Welt zwar traurig machen und empören, zugleich aber auch langweilen, als wäre nicht nur die Unmenschlichkeit banal, sondern als gäbe es auch etwas wie Banalität der Menschlichkeit. Ich bin sicher, dass diese schändliche Gelangweiltheit geringer wäre, wenn die Hoffnung, irgendetwas Wirksames gegen diese alltäglichen und allnächtlichen Ungeheuerlichkeiten tun zu können, nicht so verschwindend klein sein müsste.

Erich Fried, »Krise der Hoffnung«, aus: Das Unmaß aller Dinge. Fünfunddreißig Erzählungen, © 1982 Verlag Klaus Wagenbach, Berlin, siehe auch: Gesammelte Werke. © 1993 Verlag Klaus Wagenbach, Berlin die hoffnung

die hoffnung geht zu fuss
die hoffnung strampelt auf dem rad
die hoffnung fährt mit der bahn

die hoffnung guckt wolken nach
die hoffnung grüsst den mond
die hoffnung findet zeit

die hoffnung verteidigt igel und bäume
die hoffnung versteckt asylanten
die hoffnung kauft im drittweltladen ein

die hoffnung fällt und erhebt sich wieder
die hoffnung steigt über berge
die hoffnung durchschwimmt das meer

die hoffnung bleibt neugierig
die hoffnung entdeckt zusammenhänge
die hoffnung sucht verbündete

die hoffnung kann entbehren
die hoffnung weiss zu geniessen
die hoffnung schürt das feuer der liebe

die hoffnung kann wütend werden
die hoffnung kann traurig sein
die hoffnung lacht subversiv

die hoffnung kämpft für das recht des andern
die hoffnung feiert und tanzt
die hoffnung macht zärtlich

die hoffnung hat nichts
die hoffnung will alles
die hoffnung betet um das reich gottes

Kurt Marti, aus: ders., gott gerneklein. gedichte, © Radius-Verlag, Stuttgart 1995, Seite 44 f.

Ewiges Leben ist also nicht einfach die gestreckte Zeit. Es ist die andere Zeit, in der die Weinenden lachen; in der die stumm Gemachten ihr Lied singen und in der das Recht für alle aufgerichtet ist.

Fulbert Steffensky, Das Haus, das die Träume verwaltet, Echter Verlag Würzburg 1998, Seite 63

Es sprachen zu ihm seine Jünger: Wann wird die Ruhe der Toten sein, und wann wird die neue Welt kommen? Er sprach zu ihnen: Diese, auf die ihr wartet, ist gekommen; aber ihr erkennt sie nicht.

Thomas-Evangelium, Logion 51

Was tun Menschen, die warten müssen?

- Sie verlieren die Freude an der Sache.
- Sie schimpfen über die schlechte Organisation.
- Sie bekommen Langeweile.
- Sie fangen an zu spekulieren.
- Sie werden aggressiv.
- Sie sind nicht mehr in der Lage, sachlich zu denken.

Dialog zwischen Hoffnung und Furcht
Oskar Kokoschka, Lithographie zur Bachkantate
»O Ewigkeit, du Donnerwort« (1914)

Paradies

Predigt zum Totensonntag
Das Buch Jesaja 65,17–25

Michael Becker

1.

Manchmal möchte man ja das Heulen anfangen über den Zustand der Welt, nicht wahr, liebe Gemeinde? Manchmal sitzt man einfach nur noch fassungslos da und hört oder sieht zu, wie die Welt aus den Fugen gerät. Menschen zerstören die Häuser und das Liebste anderer Menschen; Panzer zerstören Äcker und Ernten anderer Völker – und selbst das Leben eines anderen Menschen ist keinen Pfifferling mehr wert, wenn diese anderen erst einmal schlecht genug gemacht worden sind. Ganze Städte werden in Sekunden ausgelöscht von Menschenmacht oder von Naturgewalten; und wir sitzen vor den Nachrichten und werden Zeugen. Ohnmächtige Zeugen.

Der Totensonntag gedenkt des Todes in allen seinen Gestalten. Menschen, die uns lieb waren, mussten begraben werden. Das bringt unsere Welt oft schon genug aus den Fugen. Aber auch die Welt als Ganze ist ein Stück gestorben und begraben worden in den Kriegen und den Kräften, welche die Natur beizeiten entfesselt. Wir fühlen uns dann ausgeliefert, sind Zuschauer der Weltuntergänge und können nur noch damit beschäftigt sein, möglichst schnell zu vergessen, um nicht in einen Strudel der Traurigkeit und der Verzweiflung hineinzugeraten. Manches darf nicht zu nahe an uns herankommen, damit wir den Verstand nicht verlieren.

Manchmal müsste man das Heulen anfangen über den Zustand der Welt. Sind wir nur ohnmächtige Zeugen, die irgendwelchen Kräften hilflos zuschauen müssen?

2.

Es sieht so aus.

Oft genug fühlen wir uns so.

Aber es ist nicht so.

Darum sind wir heute Morgen zusammen, liebe Gemeinde. Wir sind im Gottesdienst, weil wir nicht mehr nur zuschauen wollen. Wir sind im Gottesdienst, weil wir wieder einen Ort gebraucht haben für die Traurigkeit und die Verzweiflung, die uns gelegentlich ergreift. Wir hören, singen und beten an diesem letzten Sonntag im Kirchenjahr, weil wir darauf hoffen, dass die Wirklichkeit der Tränen abgelöst werden wird von der Wirklichkeit reiner Wonne und Freude. Wir müssen Gott anbeten, damit wir Menschen nicht den Verstand verlieren.

Der Prophet Jesaja wusste, wie seinen Menschen zumute war: zum Heulen. Manche ihrer Wünsche waren zerplatzt wie Seifenblasen; manche Angehörige waren gestorben, ohne die Heimat und den wieder aufgebauten Tempel in Jerusalem noch einmal gesehen zu haben; das Heimatland Israel hatte lange nicht die alte Stärke von vor der Zerstörung des Tempels. Und gerade, als die Nachdenklichen und die ihrer Lage Bewussten am Ende aller Kräfte waren, weissagt Jesaja ihnen dies:

Text lesen.

Welch eine Weissagung ist das! Schon die Worte haben eine nahezu magische Kraft, und erst die Bilder ... Bilder von Eintracht und Frieden, von Glückseligkeit und Freude, von satter Genügsamkeit im Leben mit dem allmächtigen Gott. Wenn es jetzt noch Tränen geben sollte, dann sind es die Tränen der Sehnsucht und des Verlangens, weil es uns nicht schnell genug gehen kann mit dem Paradies und wir es hoffentlich bald erleben werden, mit unseren Toten im Paradies wieder vereint zu sein. »Wollt Gott, ich wär in dir ... Mein sehnend Herz so groß' Verlangen hat, und ist nicht mehr bei mir.« (EG 150, Vers 1).

3.

Wir sind noch nicht im Paradies. Wir hören nur davon und lassen uns die Bilder vom Paradies vor unsere inneren Augen malen.

Aber immerhin: Wir hören davon. Wir lassen uns davon erzählen und lassen uns daran erinnern und singen auch davon: Es wird sein. Es wird ein neuer Himmel und eine neue Erde sein, die uns den vorigen Himmel und die vorige Erde nicht nur vergessen lassen, sondern sogar aus dem schweren Herzen nehmen. Die Herzen sollen leichter werden. Die Tränen über den Zustand der Welt sollen trocknen dürfen. Wir sollen Hoffnung haben. »Es ist eine Welt gegen die Welt zu halten« hat der Schriftsteller Uwe Johnson (1934–1984) in einem Brief geschrieben. Und genau darum geht es. Die Welt ist nur zu ertragen, wenn es auch eine Welt gibt, die wir gegen die Welt halten können. Traurigkeit und Verzweiflung sind nur zu mildern, wenn ich eine Welt der Freude und des Lachens dagegenhalten kann. Der Tod verliert nur dann seinen Schrecken, wenn ich auf eine Welt des Lebens hoffen kann.

Wir bekennen das Leben der zukünftigen Welt, damit wir in dieser Welt den Verstand nicht verlieren. Darum lese ich die Worte und die Bilder des Propheten Jesaja vom neuen Himmel und der neuen Erde: Sie halten eine Welt der Wonne gegen das Verfallen der Welt vor unseren Augen. Und weil die Welt, die ich erlebe und erleide, nicht alles ist – längst nicht alles – darum erzähle ich auch immer wieder von Jesus.

4.

Der stand auch den Schrecken der Welt gegenüber, liebe Gemeinde, so wie wir. Er sah die Tränen, die Krankheiten, die Verbrechen an der Menschlichkeit. Er sah die Kindersärge, die an ihm vorbeigetragen und in die Erde gelegt wurden unter den verzweifelten Schreien der Eltern. Und er stand der geballten Staatsmacht gegenüber – nur angetan mit seinem Wort, einem Wort ohne Waffen, aber voller Kraft und Ausdauer. »Mein Reich ist nicht von dieser Welt«, sagt Jesus sich selbst und zugleich Pilatus mitten ins Gesicht. Mein Reich ist nicht von dieser Welt. Aber es ist in dieser Welt, mitten darin und im Mund und im Herzen Jesu. Kein Wort hat ihn selber so sehr getragen wie dieses.

Es soll auch mein Wort und Ihr Wort sein. Das Reich der Liebe ist nicht von dieser Welt. Wir haben es nicht zur beliebigen Verfügung.

Aber wir haben es als Hoffnung mitten in dieser Welt. Es ist nicht nur ein Traum, es ist auch eine Wirklichkeit wie jede anständige Hoffnung. Die Wirklichkeit des anderen ist mitten auf dem Friedhof, den manche heute noch aufsuchen werden. Da ist nicht nur Verfall und Vergehen, wie der erste flüchtige Blick glauben machen kann. Da ist auch lebendige Erinnerung. Da ist stille Zwiesprache. Da ist das Suchen nach Loslassen. Auch darin wirkt Gott, glaube ich. Dies alles sind Wege, die Gott in ein neues Leben weist; sind Zeichen eines anderen Reiches in dieser Welt. Die Wirklichkeit des anderen ist auch mitten in der Trauer, die uns ergreifen kann beim Zustand der Welt. Weil Gott sehr nahe ist, finden Menschen die Kraft zur Gegenwehr. Sie überlassen die Welt nicht sich selber, auch wenn sie dabei vielleicht wenig ausrichten. Sie wissen im

Namen Jesu um ein anderes Reich; und sie bekräftigen dieses Wissen mit ihrem Handeln – auch dann, wenn ihnen Erfolge keineswegs sicher sind. Mein Reich ist nicht von dieser Welt – das ist ein Satz voller Hoffnung auf das Paradies im Angesicht von Verfall und Tod. Es gibt keinen wichtigeren Satz; und einen tröstlicheren gibt es wohl auch nicht.

5.
Wir sind nicht nur Gegenwart. Wir sind auch Vergangenheit – und noch mehr sind wir Zukunft. Nicht nur die Zukunft des Morgen und des Übermorgen, sondern auch die Zukunft Gottes. Die wird mit uns gemacht und auch mit den Toten, die uns schon längst oder erst kürzlich verlassen haben. Die Zukunft Gottes reicht weit hinaus über das, was wir uns vorstellen können mit unseren manchmal sehr kleinen Kräften. Die Zukunft Gottes reicht mitten hinein in das, was wir gerne Paradies nennen dürfen.
Das Paradies wartet auf uns. Das Paradies ist kein Märchen, mit dem wir auf bessere Zeiten vertröstet werden, die dann doch nie kommen. Das Paradies ist der Ort Gottes jenseits unserer Räume und Zeiten, der aber in unserer Zeit und in den Räumen, in denen wir leben, seine Vorzeichen hat. Jesus hat diese Vorzeichen gelebt; und viele andere Frauen und Männer nach ihm auch. Jedes Gebet ist ein Vorzeichen. Jeder Segen auch. Gebet und Segen sind Kräfte des Himmels mitten in meiner Welt.
Und erst die Liebe ...
Gibt es auch kein Paradies auf Erden, in der Liebe beginnt es doch.

Gebet

Gott, lehre uns aufschauen zu dir,
zu deinem Willen, zu deinem Thron, zu deinem Reich,
damit wir in großer Hoffnung leben können
und die Zeit überwinden in Christus, deinem Sohn.

Gott, lass dein Licht leuchten denen,
die in den Finsternissen zugrunde gehen,
den Trübseligen und Müden, den Gehetzten und Machtgierigen,
den Verfolgten und Hungernden;

damit auch denen, die an der Zeit leiden, dein Tag aufgehe,
an dem alle dich schauen werden von Angesicht zu Angesicht.

Themen und Motive

Die Autorinnen und Autoren

Pfarrer Eschel Alpermann, Mannheim; Pfarrer Michael Becker, Kassel; Pfarrer Hans Hermann Blettgen, Essen; Superintendent Theodor Bohlen, Hannover; Dekan Dr. Ludwig Burgdörfer, Landau; Pfarrer Stefan Claaß, Mainz; Prof. Dr. Axel Denecke, Hamburg; Pfarrerin Beate Dirschauer, Berlin; Pfarrer Kurt Dohm, Bremen; Pfarrer Bernd Giehl, Wiesbaden; Pfarrer Dr. Reiner Jansen, CH Frenkendorf; Superintendent Hans-Jürgen Kant, Wernigerode; Pfarrerin Jutta Konowalczyk-Schlüter, Bremen; Pfarrer Wilfried Lenzen, Göttingen; Pfarrer Michael Rambow, Seevetal-Ramelsloh; Hauptpastor em. Dr. Klaus Reblin, Hamburg; Pfarrerin Ute Schäfer-Breitschuh, Hannover; Pfarrer Hartmut Stuber, Schwieberdingen; Pfarrer Thomas Waldeck, Darmstadt, Pfarrerin Gerlinde Wnuck-Schad, Landau